Ihr Hobby

Guramis und Fadenfische

Dr. Jürgen Schmidt

INHALTSVERZEICHNIS

© 1999, 2. Auflage, bede-Verlag, Bühlfelderweg 12, D-94239 Ruhmannsfelden
email: bede-Verlag@t-online.de; Internet: http://www.bede-verlag.de
Konzept der Reihe „Ihr Hobby…", Herstellung und Gestaltung: bede-Verlag

Internationale Gesellschaft für Labyrinthfische, IGL:
Schriftführer: Klaus Frank, Am Haidesand 11, D-96146 Altendorf,
Kontakt-Schweiz: Alfred Waser, Goldregenweg 8, CH-8400 Winterthur,
CIL-France: Michel Dantec, 35 rue André Malraux, F-41000 Blois,
Mitglieder erhalten die Zeitschrift „Der Makropode", bzw. „Le Macropode".

Bildnachweis: Alle Fotos bede-Verlag & Dr. rer. nat. Jürgen Schmidt, außer wenn anders aufgeführt.

ISBN: 3-931 792-48-X
bede-Bestellnummer: HO 362

In der Aquaristik werden unter den Namen Guramis und Fadenfische unterschiedliche Arten aus verschiedenen Familien der Kletterfische verstanden. Weil es sich bei den meisten von ihnen um beliebte und sehr gute Aquarienfische handelt, werden sie in diesem Buch zusammenfassend behandelt. Hier werden demnach die Arten der eigentlichen Fadenfische oder Guramis – wobei für viele dieser Arten beide Namen alternativ verwendet werden – im Vordergrund stehen. Diese Fische entstammen den Gattungen *Colisa* und *Trichogaster* und es sind ausnahmslos schöne und bewährte Aquarienfische. Außerdem sollen hier auch die weiteren Guramis zumindest kurz Erwähnung finden. Da wäre zuerst der eigentliche Gurami, *Osphronemus gorami*, zu nennen, der auch als Riesen- oder Speisegurami bezeichnet wird. Diese bis zu 80 cm lang

werdende Art ist nur für Spezialisten geeignet und nicht gerade eine „Schönheit". Auch die Küssenden Guramis, *Helostoma temminckii*, dürfen hier nicht vergessen werden, obwohl sie wie die Riesenguramis jeweils einer eigenen Familie angehören und mit den Fadenfischen nicht sonderlich eng verwandt sind. Aber es handelt sich wegen ihres ungewöhnlichen Verhaltens um beliebte Aquarienfische und deshalb sind sie hier aufgenommen, obwohl sie auch als Speisefische genutzt werden und bis zu 30 cm lang werden können. Darüberhinaus müssen in diesem Buch selbstverständlich die Schokoladenguramis der Gattung *Sphaerichthys* Erwähnung finden, denn es sind beliebte und äußerst interessante Aquarienfische, die aber leider echte Problemfische sind. Und nicht zuletzt sollen hier auch die Knurrenden Guramis der Gattung *Trichopsis* aufge-

Der Mosaikfadenfisch, Trichogaster leerii, *ist ein sehr schöner und relativ anspruchsloser und deshalb völlig zu recht beliebter Aquarienfisch.*

3

zählt werden. Schokoladen- und Knurrende Guramis sind zwar näher mit den Kampffischen und Spitzschwanzmakropoden als mit den Fadenfischen verwandt, aber da sie aquaristisch anders zusammengefaßt sind, soll dies auch hier der Fall sein.

Manch ein Leser wird hier vielleicht auch noch weitere Fische suchen. So werden die Inselmakropoden der Gattung *Belontia* auch manchmal nicht Makropoden sondern Guramis genannt, doch gehören sie aquaristisch näher zu den Paradiesfischen und sollen deshalb mit diesen später in einem eigenen Buch dargestellt werden. Gleiches gilt für die Kampffische, über die es ja bereits verschiedene Bücher gibt, wovon hier das Buch: „Ihr Hobby Schleierkampffische" erwähnt werden soll.

Labyrinthfische waren die ersten tropischen Aquarienfische

Nach dem Goldfisch waren die ersten Aquarienfische die Paradiesfische, *Macropodus opercularis*, welche mit Seefahrern von Asien nach Europa gelangten. Dafür gibt es verschiedene Gründe. Sicher ist die Farbenpracht der Labyrinther ein wichtiger Grund für den frühen Import, aber bestimmt noch wichtiger ist die Robustheit dieser Fische, die es ihnen ermöglichte lange Schiffsreisen, noch mit Seglern, und vermutlich in schlechtem Wasser in Holzzubern zu überleben. Eine große Hilfe dürfte diesen ersten Aquarienfischen dabei auch ihr Labyrinthorgan gewesen sein, mit dessen Hilfe sie auch im sauerstoffarmen Wasser einige Zeit überleben können. Darum wundert es auch kaum jemanden, daß nach dem Paradiesfisch Siamesische Kampffische, Zwergfadenfische und andere Labyrinther zu den ersten Aquarienfischen in Europa wurden. Die gleichen Gründe bestätigen auch die Beliebtheit dieser Fische heute. Besonders für Anfänger sind die Eigenschaften: bunt und robust, wichtige Auswahlkriterien. Der verantwortungsvolle Aquarianer wird seinen Pfleglingen trotz ihrer Robustheit möglichst optimale Bedingungen bieten, zumal es auch etliche anspruchsvollere Labyrinthfischarten gibt. Trotzdem ist es nicht nur für den Anfänger angenehm, wenn einmal durch einen kleinen Fehler, beispielsweise dem Ausfall einer Filterpumpe, nicht gleich eine kleine Katastrophe ausgelöst wird.

Internationale Gemeinschaft für Labyrinthfische (IGL): In der IGL sind nahezu alle der über 100 Labyrinthfischarten als Nachzuchten erwerblich. Die Termine der IGL und die Veranstaltungen der zahlreichen Regionalgruppen erfahren Sie direkt bei der IGL (Anschrift s. S. 2) oder auch in den Aquarienzeitschriften. Neben der Möglichkeit seltene Fische erwerben zu können, finden Sie in der IGL erfahrene Aquarianer, die Ihnen gerne mit Rat und Tat weiterhelfen. Weil es oft problematisch ist, Labyrinther per Post oder Bahn zu versenden, sollten Sie persönlich die IGL-Treffen oder die Züchter besuchen. Hier bestehen auch bessere Möglichkeiten, die angebotenen Fische selbst zu kontrollieren.

Eine Gruppe stellt sich vor

Die Guramis und Fadenfische zählen zu den Kletterfischen, die in der Aquaristik oft verallgemeinernd als Labyrinthfische bezeichnet werden. Als Labyrinthfische werden Fische sehr unterschiedlichen Charakters aufgefaßt. Zum einen handelt es sich um die eigentlichen Labyrinth- oder Kletterfische und zum anderen um die Schlangenkopffische der Gattung *Channa*. Beide Fischgruppen zeichnen sich durch den Besitz eines zusätzlichen Atemorgans aus, mit dem die Fische zusätzliche zur Kiemenatmung atmosphärische Luft von der Wasseroberfläche aufnehmen können. Dieses Atemorgan wird wegen seiner vielfachen Faltung als „Labyrinth" bezeichnet. Deshalb sind die Fische mit solchen Organen „Labyrinthfische", auch wenn die beiden Gruppen nicht näher miteinander verwandt sind. Den Namen Kletterfische, Anabantoidei, erhielten die Vertreter dieser Gruppe, weil einige ihrer Mitglieder in der Lage dazu sind, besonders in der Nacht, wenn die Gefahr der Austrocknung des Körpers nicht so groß ist, eventuell austrocknende oder keine Nahrung mehr enthaltende Gewässer zu verlassen, über Land zu kriechen und so passendere Lebensräume zu erreichen. Vom eigentlichen Kletterfisch, *Anabas testudineus*, gibt es in der alten Literatur sogar die Sage, er klettere nachts auf Bäume und verzehre Palmenfrüchte.

Labyrinthfisch ist nicht gleich Kletterfisch

Das Labyrinth – als besonders effektive Anpassung einiger Fischarten – ist nicht

Diese Wabenschwanzguramis, Belontia hasselti, *werden aquaristisch näher zu den Paradiesfischen als zu den Fadenfischen gestellt.*

nur einmal entstanden. Über die Kiemenatmung hinaus haben zahlreiche Fischgruppen die Möglichkeit zur Luftatmung unabhängig voneinander erworben. Über Darmatmer, Kiemensackwelse, Schlammspringer bis hin zu echten Lungenfischen sind unterschiedlichste Lösungen von der Natur verwirklicht worden.

Deshalb ist es nicht weiter verwunderlich, daß das Labyrinth als Atemorgan gleich zweimal entstand. Einmal bei den Kletterfischen, wissenschaftlich den Anabantoidei, die von Aquarianern als eigentliche Labyrinthfische angesehen werden, und zum zweiten bei den Schlangenkopffischen, die mit den Kletterfischen nur das Labyrinth und das „Fisch-Sein" gemeinsam haben, ansonsten aber nicht näher miteinander verwandt sind.

Aquaristisch werden trotzdem beide Gruppen zusammengefaßt, weshalb in diesem Buch auch der übliche Begriff Labyrinthfische beibehalten bleibt, obwohl weitgehend nur die Kletterfische im eigentlichen Sinne behandelt werden sollen. Von einigen Wissenschaftlern wurde auch der Hechtkopffisch, *Luciocephalus pulcher*, oft in eine eigene Gruppe gestellt, die verwandtschaftlich von den Kletterfischen abgegrenzt sein soll. Diese Abgrenzung ist sicher so nicht aufrecht zu erhalten und die Art den Kletterfischen anzugliedern.

Wichtig ist auch zu beachten, daß der Gleichgewichtssinn aller Wirbeltiere, also auch der Fische, ebenfalls als Labyrinth bezeichnet wird. Dadurch kommt es oft zu Verwechslungen.

> **Die Guramis oder Fadenfische haben jeweils zwei Labyrinthorgan-Paare: Einmal das Atemlabyrinth und zum anderen das Gleichgewichtslabyrinth.**

Warum die wissenschaftlichen Namen auch bei Guramis und Fadenfischen wichtig sind

Viele Aquarienfische, aber auch unsere heimischen Arten, tragen eine größere Zahl deutscher Namen. Beispielsweise wird *Trichogaster trichopterus* unter den verschiedenen deutschen Namen Blauer oder Gepunkteter Fadenfisch sowie Gurami gehandelt; hinzu kommen die Zuchtformen der Art, mit eigenen deutschen und internationalen Namen. Wird der wissenschaftliche Name des Fischs benutzt, dann weiß jeder Interessent mit etwas umfangreicherem Vorwissen genau, welches Tier gemeint ist, Verwechslungen werden unwahrscheinlicher und sogar fremdsprachige Leser können dem Text zumindest entnehmen, über welche Art geschrieben ist. Seit der Einführung der Binominalen Nomenklatur (Zweinamige Benennung) durch LINNÉ 1758 für alle Lebewesen, wird diese Namensgebung in der biologischen Wissenschaft konsequent angewandt. Die wissenschaftlichen Namen der Gattungen und Arten werden üblicherweise *kursiv* geschrieben, damit sie sich besser abheben; in kursiv geschriebenen Texten also umgekehrt. Höhere Kategorien und andere wissenschaftliche Bezeichnung werden aber nicht kursiv hervorgehoben.

In der Biologie werden näher miteinander verwandte Lebewesen zu Gruppen zusammengefaßt, die mit der Nähe ihrer Verwandtschaft untereinander einhergehend in verschiedenen Hierarchien eingeordnet sind. Die unterste Gruppe,

Balzendes Mosaikfadenfischmännchen, Trichogaster leerii.
Die fadenförmigen Bauchfäden sind keine Tast-, sondern Geschmacksorgane.

also die nächste Verwandtschaft, wird als Gattung bezeichnet. Der erste Name eines Tiers oder einer Pflanze ist immer dieser Gattungsname, aus unserem obigen Beispiel also *Trichogaster*. Der zweite Name bezeichnet die Art an sich. Alle Tiere einer Art sind nahe miteinander verwandt und können, sofern sie gesund sind, miteinander Nachkommen zeugen. Sie unterscheiden sich, für alle Artmitglieder durch typische Merkmale von anderen Arten.

Manchmal werden weitere Untergruppen der Arten, etwa mit besonderen Farben, als Unterarten mit einem dritten Namen versehen. Früher wurde angenommen, es gäbe eine Unterart des Blauen Fadenfischs

von der Insel Sumatra, der *Trichogaster trichopterus sumatranus* genannt wurde. Die Stammunterart wurde folglich als *Trichogaster trichopterus trichopterus* bezeichnet. Heute wird diese Unterart allerdings nicht mehr anerkannt und lediglich als Farbvariante angesehen, der dritte Name entfällt deshalb; er ist ungültig, also ein Synonym.

Zum binominalen Artnamen wird in der Regel noch der Name des Wissenschaft-

Die blaue Farbform des Punktierten Fadenfischs, Trichogaster trichopterus, *wurde früher als eigene Unterart angesehen.*

Zwergfadenfische, Colisa lalia, *können gut mit kleinen Schmerlen, hier Schachbrettschmerlen,* Botia sidthimunki, *vergesellschaftet werden.*

lers genannt, der das Lebewesen zuerst wissenschaftlich beschrieb, und meist in KAPITÄLCHEN geschrieben, sowie das Jahr dieser Erstbeschreibung. Mußten später von Wissenschaftlern Änderungen an der Gattungszuweisung der Art vorgenommen werden, dann wird der Name des Erstautors in Klammern geschrieben. Unser Beispiel, der Blaue Fadenfisch, heißt mit vollständigem wissenschaftlichen Artnamen: *Trichogaster trichopterus* (PALLAS, 1777), was übersetzt etwa heißen würde: Fadenbauch mit Fadenflossen (von PALLAS 1777 unter anderem Gattungsnamen beschrieben).

Noch ein Hinweis: **Zwergfadenfische mit solchen regelmäßigen Streifen – wie der abgebildete Fisch, ein Wildfang aus Bangla Desh – sind heute leider kaum noch erhältlich.**

Hinweis: **Der wissenschaftliche Name eines Lebewesens wird in Texten meist nur einmal, zum Anfang, vollständig genannt. In der weiteren Folge werden der Erstbeschreiber und das Jahr weggelassen und oft wird auch der Gattungsname abgekürzt, also im Beispiel:** *T. trichopterus.*

Zur Lebensweise der Labyrinthfische
Neben der Einteilung der Labyrinthfische in Gruppen nach ihrer Verwandtschaft lassen sich auch andere Kriterien der Ähnlichkeit der Labyrinthfische untereinander finden, etwa nach ihrem Lebensraum (der Ökologie) oder auch nach ihrer typischen Fortpflanzungsweise (der Fortpflanzungsbiologie und -ethologie). Unter den Guramis und Fadenfischen gibt es sowohl Arten, die lieber in stehenden Gewässern leben, während andere fließendes Wasser bevorzugen.

Bewohner stehender Gewässer
Sie müssen ein besonders funktionstüchtiges Labyrinth besitzen, um den Sauerstoffmangel im Wasser aus der Luft ausgleichen zu können. Manche von Ihnen sind „Freilaicher", die meisten sind „Nestbauer". Weil die stehenden Gewässer meist sehr warm werden, wie beispielsweise die Gewässer der Reisfelder in Südostasien, altern diese Fische, besonders die kleineren Arten, oft schnell und werden in der Natur selten älter als ein Jahr. Davon ist leider besonders der beliebte Zwergfadenfisch, *Colisa lalia*, betroffen.

Fließwasserbewohner

Diese haben oft ein weniger funktionstüchtiges Labyrinth (es ist dann weniger dicht gefaltet). Einige von ihnen sind „Freilaicher", wenige bauen Nester in Höhlen und viele sind „Maulbrüter". Im Aquarium werden auch die Bewohner stehender Gewässer bei kühlerer Haltung oft wesentlich, bis zu drei Jahre, älter als in der Natur. Die Fließwasserbewohner können, je nach Art, über zehn Jahre alt werden. Hier hat der Aquarianer eine besondere Verantwortung, er muß den Fischen die ihnen am besten liegenden Haltungsbedingungen bieten.

Sozialverhalten

Guramis und Fadenfische leben in der Regel nur als Jungfische in Gruppen. Lediglich die Küssenden Guramis sind auch später Schwarmfische. Ansonsten suchen die Labyrinthfische nur zur Fortpflanzung die Nähe von Artgenossen des anderen Geschlechts. Viele Labyrinthfische tolerieren aber Artgenossen und einige bilden sogar eine echte Familie.

> **Einige Guramis und Fadenfische sind zu ihren Artgenossen besonders aggressiv, deshalb ist es wichtig, sich vor dem Kauf der Fische noch einmal über ihr Sozialverhalten zu informieren!**

Nahrungserwerb

Alle Guramis sind mehr oder weniger Räuber, die Beute entsprechend ihrer Körpergröße und der Größe ihres Schlunds bewältigen. Selbst die Allesfresser wie der Gurami oder die Feinstnahrung filtrierenden Küssenden Gura-

Solche Kleingewässer, die manchmal eher feuchten Wiesen als richtigen Gewässern ähneln, sind die Heimat der Guramis.
Foto:
Robert Donoso-Büchner

Auch Stauseen, hier der Kaeng Krachan Dam in Thailand, sind die Heimat verschiedener Gurami-Arten. Foto: Robert Donoso-Büchner

mis nehmen auch lebendes Futter passender Größen auf. Manche Labyrinthfische sind sogar echte Räuber und wer sich über die Ernährungsgewohnheiten seiner Neuerwerbungen nicht ganz sicher ist, muß vor dem Einsetzen der Fische ins Gesellschaftsaquarium zur Vorsicht noch einmal etwas über die Art in der Literatur nachlesen.

Revierkämpfe

Weil der Aquarianer seinen Pfleglingen möglichst günstige Bedingungen bietet, ist es ganz natürlich, daß die Fische im artgerecht eingerichteten Aquarium auch in Fortpflanzungsstimmung geraten. Bei den revierbildenden Arten, und das sind alle Guramis mit Brutpflege, grenzen die Männchen Reviere ab, welche sie heftig gegen Artgenossen und Fische besonders nahe verwandter Arten, aber auch gegen mögliche Freßfeinde der Brut, intensiv verteidigen.

Um Verletzungen oder gar die Tötung von Fischen durch Revierverteidigungskämpfe untereinander zu vermeiden müssen die Aquarien richtig eingerichtet sein, um bereits Reviergrenzen vorzugeben.

Die Kämpfe der Guramis und Fadenfische laufen - mit nur wenigen arttypischen Ausnahmen - nahezu alle nach einem bestimmten Schema ab.

Wenn ein fremder Fisch in das Revier einschwimmt, dann beginnt der Revierinhaber sofort zu imponieren. Dazu versucht er seinen Körperumriß optisch möglichst weit zu vergrößern. Er spreizt alle Flossen ab und sogar die Kiemendeckel werden abgespreizt und der Mundboden gesenkt, um besonders den Kopfumriß zu vergrößern, manche Arten öffnen auch drohend das Maul. Außerdem zeigen die imponierenden Fische

Küssende Gura-mis, Helostoma temminckii, kämpfen durch „Küssen". Dabei geht es vor allem um die Rangord-nung oder um Weibchen. Reviere grün-den diese Fische nicht.

eine ganz besondere Farbenpracht, wie sie ähnlich intensiv nur bei der Balz zu sehen ist. Wenn der fremde Fisch nicht allein durch dieses erste Imponieren vertrieben wird, so kommt es zu weiterem Imponiergehabe.

Die Kontrahenten umschwimmen sich und wedeln sich, mit L-förmig gekrümmtem Körper, gegenseitig Wasserschwälle zu. Mit ihren Sinnesporen am Kopf (manche Guramis besitzen kein vollständiges Seitenlinienorgan) können die Fische die Körperkraft ihres Gegners einschätzen und deshalb werden die meisten Kämpfe an dieser Stelle bereits entschieden, indem der Schwächere das Weite sucht. Oft gewinnt aber der Revierinhaber sogar auch dann, wenn er schwächer ist, weil er als Revierbesitzer stärker motiviert ist und deshalb eine bessere Ausgangsposition hat. Will aber der Fremdling trotz Imponiergehabe nicht weichen, dann kommt es zu Be-

schädigungskämpfen, wobei sich die Fische gegenseitig in die Flanken und die Flossen beißen und sich zu verletzen versuchen.

Bei vielen Kletterfischarten verbeißen sich die Gegner bei ihren Revierkämpfen an den Mäulern und verhindern so das gegenseitige Luftschnappen an der Wasseroberfläche.

Besonders beim Blauen Fadenfisch, *Trichogaster trichopterus*, enden diese Kämpfe manchmal mit dem Tod eines Gegners, weshalb hier die erwachsenen Männchen bei der Verwendung kleinerer Aquarien einzeln gehalten werden müssen. Die Männchen können aber mit mehreren Weibchen und Fischen anderer Arten gut vergesellschaftet werden. Gegen Fische anderer Arten (außer denen, die körperlich zu ihnen außerordentlich ähnlich gestaltet sind) sind

Bei der Balz, hier beim Punktierten Fadenfisch, Trichogaster trichopterus, imponiert das Männchen mit aufgespannten Flossen und das Weibchen stupst ihm mit dem Maul in die Flanke.

Fadenfische recht friedfertig. Deshalb sind die Guramis durchaus für die Pflege im Gesellschaftsaquarium geeignet.

Balz

Nicht nur bei den Guramis und Fadenfischen sind sich das Imponieren als aggressives Verhalten und das Imponieren bei der Balz als Werbungsverhalten einander außerordentlich ähnlich. Sicherlich geht das Balzverhalten auf Elemente des Aggressionsverhaltens zurück. Auch im Aquarium kann dies oft beobachtet werden.

Die Balz dient der Annäherung und dem Sich-Kennenlernen der Partner, damit sie bei der späteren Paarung richtig aufeinander eingestimmt sind.

Zunächst wird das Guramiweibchen vom revierinhabenden Männchen aggressiv vertrieben. Ein fortpflanzungswilliges Weibchen sucht aber immer wieder die Nähe des imposanten Revierbesitzers und beschwichtigt seine Aggressionen durch Anlegen der Flossen, also Verkleinerung des Körperumrisses, und durch eine besondere Färbung als Auslöser, welche schließlich weitere Angriffe durch das Männchen hemmen.

Dann wandelt sich das Verhalten des Männchens und die Partnerin wird mit Flossenspreizen und besonders prächtiger Körperfärbung umworben. Mit Schwimmen in der Richtung zum Nest, dem Führungsschwimmen, versuchen die Männchen der nestbauenden Arten ihr Weibchen schließlich zum Ablaichen zu bewegen. Das Balzverhalten der Maulbrüter ist weitgehend ähnlich.

Paarung

Das Fortpflanzungsverhalten der Fadenfische ist besonders interessant und viele Aquarianer pflegen ihre Guramis nicht nur wegen ihrer prächtigen Farben sondern auch wegen dieser teilweise außergewöhnlichen Verhaltensweisen.

Trotz der sehr unterschiedlichen Fortpflanzungsweisen der einzelnen Guramiarten liegt der Paarung der Fadenfische ein allgemeingültiges Muster zugrunde. Während der Balz umschwimmen sich die Partner. Schließlich schwimmt das Weibchen dem Männchen in die Flanke, doch das Männchen dreht sich etwas zur Seite und umschlingt das noch etwas voran geschwommene Weibchen in der Bauchregion. Diese Umschlingung ist die eigentliche Paarung. Die Partner verharren einige Augenblicke in einer Laich- oder Paarungsstarre, wobei die Geschlechtsprodukte unter leichtem Körperzittern abgegeben werden.

Durch die Umschlingung der Labyrinthfische bei der Paarung gelangen die Geschlechtsöffnungen der Fische besonders nahe zueinander, wodurch die vollständige Befruchtung der Gelege gewährleistet wird.

Bei der Paarung umschlingen die Guramimännchen ihre Partnerinnen U-förmig in der Bauchregion. Bei der Paarung gelangen die Geschlechtsöffnungen sehr nah nebeneinander, wodurch eine vollständige Befruchtung der Eier gesichert ist.

Bei der Paarung der Gepunkteten Fadenfische, Trichogaster trichopterus, *werden große Eizahlen – über 300 sind nicht ungewöhnlich – abgelaicht.*

Nach der Paarung erwacht zunächst, art-typisch, ein Partner eher aus der Laich-starre und kümmert sich bevorzugt um die befruchteten Laichkörner. Die Eier werden direkt ins Maul genommen oder dem Partner zur Maulbrutpflege zuge-spuckt oder mit Schaum ummantelt und direkt im Schaumnest untergebracht. Nur wenige Guramiarten betreiben keine Brutpflege, diese Fische kümmern sich nicht weiter um den Laich, ja sie ver-zehren ihn sogar als leckeren Kaviar. Die meisten Fadenfische sind hingegen besonders liebevolle Brutpfleger. Wenn aus dem Laich keine Larven schlüpfen, dann liegt das meist nicht an den Fischen (Krankheit, Unfruchtbarkeit), sondern eher an unzureichenden Pflegebedin-gungen (falsches oder vergiftetes Was-ser, unzureichendes Futter, falsche Tem-peratur oder anderes).

Ratschläge zur Anschaffung von Labyrinthfischen

Möchten Sie ein Artaquarium oder ein Gesellschaftsaquarium?
Im Artaquarium werden nur Fische einer Art, beispielsweise Mosaikfadenfische, *Trichogaster leerii*, gepflegt. Artaquari-en werden genutzt, um eine Art in ihrem ungestörten Verhalten gesondert beob-achten zu können und um diese Fische nach Möglichkeit zu züchten.
Dagegen sind im Gesellschaftsaquarium mehrere, sich miteinander vertragende Arten gemeinsam untergebracht. So können mehr Fische gepflegt und ihr Verhalten untereinander kann beob-achtet werden.

Mosaikfadenfi-sche, Trichoga-ster leerii, *sind nur selten als schöne erwachsene Fische erhältlich.*

Eine Zucht der Fadenfische und Guramis gelingt in Gesellschaftsaquarien leider nur in Ausnahmefällen.

Dabei können durchaus verschiedene Fadenfische zusammen gepflegt wer-den, aber diese Fische lassen sich auch mit anderen Arten ähnlicher Ansprüche vergesellschaften. Ob ein bestimmter Fisch besser im Art- oder im Gesell-schaftsaquarium untergebracht werden soll, ist in jedem einzelnen Fall nach sei-nen Ansprüchen und Eigenschaften

sowie nach den Zielen des Pflegers zu entscheiden.

Bei Fischen für das Gesellschaftsaquarium sind folgende Punkte besonders zu beachten: Die endgültige Größe der Fische und insbesondere die Art ihrer Ernährung. Ihr Verhalten untereinander und das zu anderen Arten. Die Lebensbedingungen in der Natur (Wasserwerte und -typ). Die Herkunft der verschiedenen Fische.

Größe und Ernährung der Guramis

Fische sehr unterschiedlicher Körpergrößen können nur selten gemeinsam im Aquarium untergebracht werden, weil die Großen die Kleineren als Nahrung betrachten könnten. Aber auch wenn die Kleineren nicht verzehrt wer-

den, so sind sie doch oft Verfolgungen ausgesetzt und gelangen nicht an ihr Futter, so daß sie schließlich dadurch, also im Prinzip durch Streß sterben können. Es gibt jedoch auch Ausnahmen wie die friedfertigen Küssenden Gura-

Jungfische der Goldform des Riesenguramis, Osphronemus gorami, wirken zunächst recht attraktiv, aber auch sie wachsen...

mis, die über 30 cm groß werden können, aber als von Plankton lebende Filtrierer nur sehr winzige Jungfische als Nahrung betrachten.

Das Verhalten

Die Guramis zeigen je nach ihren arteigenen Eigenschaften jeweils für sie typische Verhaltensweisen, wodurch sie sich nicht immer beliebig zur Kombination mit anderen Arten eignen. So sind beispielsweise besonders die Männchen von Blauen Fadenfischen, *Trichogaster trichopterus*, untereinander ausgesprochen bissig und es gelingt deshalb nur in sehr großen Aquarien mehrere Männchen in einem Behälter gemeinsam zu pflegen. Dagegen sind beispielsweise die Männchen der Honigguramis, *Colisa chuna*, zwar auch aggressiv untereinander, aber über die Imponierturniere hinaus kommt es nur äußerst selten zu Verletzungen, welche außerdem leicht wieder heilen.

Aber damit nicht genug, außerdem ist beispielsweise noch zu beachten, daß die Fische mit langen Fäden, wie etwa *Trichogaster leerii* mit ihren zudem prächtigen Flossen oft der Verfolgung durch andere Arten ausgesetzt sind, welche den herrlichen Flossenbehang als willkommene Zusatznahrung betrachten oder, wie zum Beispiel die Sumatrabarben, nur aus Spieltrieb an den Fäden und Flossen zupfen und dadurch die Pracht zerstören. Außerdem sind die Fäden ein wichtiges Sinnesorgan, so daß die Guramis mit abgebissenen Fäden im Prinzip behindert wären. Beschädigte

Flossen wachsen bei Labyrinthfischen aber sehr schnell wieder nach, sofern alle weiteren Pflegebedingungen gut sind. Große Fadenfische, *Trichogaster*, lassen sich beispielsweise gut mit großen Kampffischen, einige Arten der Gattung *Betta*, gemeinsam pflegen und einige Welse oder Schmerlen passender Größen wären eine gute Ergänzung.

Lebensbedingungen in der Natur

Guramis und Fadenfische unterschiedlicher Ansprüche lassen sich nicht oder nur mit Einschränkungen gemeinsam halten. Fische aus kühleren Gewässern können nur begrenzte Zeit im warmen Wasser gepflegt werden. Deshalb passen beispielsweise Rundschwanz-Paradiesfische, *Macropodus ocellatus* (16° bis 2O °C), und Zwergfadenfische, *Colisa lalia* (22° bis 28 °C), überhaupt nicht zusammen. Aber auch Fische aus Gewässern mit besonders weichem Wasser lassen sich oft nicht mit Arten aus härteren Gewässern pflegen. Außerdem sei auf die Empfindlichkeit mancher Arten, wie etwa Schokoladenguramis, *Sphaerichthys*, hingewiesen, was eine Vergesellschaftung ausschließt oder zumindest die Möglichkeiten sehr stark einschränkt.

Hinweis: **Manche Guramiarten sind durch die Zerstörung der Tropenwälder in ihren Heimatlebensräumen vom Aussterben bedroht.**

Weil es fraglich ist, ob es dauerhaft möglich sein wird, den Bedarf der Aquaristik an Guramis und Fadenfischen durch Importe zu decken aber vor allem zur Erhaltung der Arten ist eine gezielte Weiterzucht wenigstens in der Gefangenschaft durchaus sinnvoll. Für die Erhaltung in der Aquaristik sind aber nur reine Fundortstämme von Wildformen interessant, weil sich nur solche für eine mögliche spätere Wiederausbürgerung unter besseren Bedingungen eignen würden.

Wie und wo Sie Fadenfische erhalten können

Eine bestimmte Gurami- oder Fadenfischart oder schöne und gesunde Fische zu erhalten, ist oft gar nicht leicht. Bis auf wenige Ausnahmen sind aber inzwischen nahezu alle Guramiarten erhältlich, so daß bei etwas Geduld Ihr Lieblingsfisch bald in Ihrem Aquarium schwimmen kann.

Zoofachhandel

Jedes Zoofachgeschäft führt auch einige gängige Guramis, mindestens aber Zwergfadenfische, im Angebot. Oft ist die Auswahl jedoch sehr eingeschränkt, oder die angebotenen Importe aus Asien entsprechen nicht den Qualitätsansprüchen des Kunden, denn leider sind manchmal farblich sehr dürftige Exemplare oder kranke Fische dabei.

IGL

Kann Ihr Zoohändler ihnen wider Erwarten nicht weiter helfen, um Ihnen Ihre Wunschfische zu verschaffen, dann können Sie auch versuchen, die gewünschten Guramis oder andere Kletterfische über die Internationale Gemeinschaft für Labyrinthfische, kurz IGL, zu erhalten (Anschrift s. vorn, S. 2).

Die blaue Farbform des Gepunkteten Fadenfischs, Trichogaster trichopterus, *können Sie – auch in anderen Farbformen – bei nahezu jedem Zoofachhändler erwerben. Es sind sehr gut geeignete Aquarienfische, die auch in viele Gesellschaftsaquarien passen. Die Wunde an der Flanke rührt von den üblichen Revierkämpfen her; solche Verletzungen heilen normalerweise gut ab.*

Das Fortpflan-zungsverhalten der Guramis ist äußerst faszi-nierend. Hier ist die Paarung der Wildform des Gepunkteten Fadenfischs, Trichogaster trichopterus, unter dem Schaumnest abgebildet. Die Brutpflege übernimmt später das Männchen allein; das Weibchen wird dann sehr aggressiv aus dem näheren Nestbereich vertrieben.

Die Auswahl des Aquariums

Sie haben sich entschieden, ein neues Aquarium für Guramis oder für eine Gesellschaft mit Fadenfischen einzurichten. Dann müssen Sie zunächst festlegen, welche Größe und welchen späteren Standort das Aquarium haben soll. Ideal ist es, ein möglichst großes Aquarium mit großzügig bemessener Grundfläche auszuwählen.

Hinweis: Je mehr Fläche im Aquarium zur Gestaltung zur Verfügung steht, desto besser kann das Aquarium eingrichtet werden, und um so besser können die Guramis oder Fadenfische ihre Reviere gründen und verteidigen.

Infolge einer falschen Einrichtung des Aquariums würde es Verluste durch Streitigkeiten unter den Fischen geben, denn die Guramis könnten sich durchaus gegenseitig verletzen oder sogar töten. Andererseits schränken leider sowohl das zur Verfügung stehende Geld, als auch der zur Verfügung stehende Platz die Möglichkeiten ein, große Aquarien aufzustellen.

Die heute meist gebräuchlichen Aquarien sind mit Silikon geklebte Ganzglasaquarien. Das heißt, daß diese Aquarien keinen Metallrahmen besitzen, sondern die Glasscheiben mit Silikon, einem gummiähnlichen Material, direkt anein-

Für sehr große Aquarien für Guramis benötigen Sie einen sicheren Standort und selbstverständlich viel Platz.

besonderen Gedanken machen, wenn Sie es im Zoofachhandel erwerben; denn die Hersteller wissen genau, welche Glasstärken und welchen Silikon sie verwenden müssen, damit die Aquarien weitgehend bruchsicher sind.

Wenn Ihnen Aquarien der gleichen Größe in verschiedenen Glasstärken angeboten werden, dann sollten Sie jenes mit der stärkeren Glasausführung erwerben, denn dadurch haben Sie selbstverständlich eine größere Sicherheit. Allerdings ist ein solches Aquarium entsprechend teurer und schwerer, aber diese Anschaffung lohnt sich meist.

andergeklebt sind. Diese Aquarien haben den Vorteil, daß sie eine bessere Einsicht ermöglichen und einfach attraktiver wirken. Es gibt heute aber auch Aquarien mit attraktiven Schmuckrahmen, die keine tragende Funktion haben. Selbstverständlich sind diese einfachen Aquarien, die in großen Zahlen hergestellt werden, auch erheblich preiswerter als die aufwendiger herzustellenden Gestellaquarien.

Tip: Achten Sie beim Kauf von Aquarien unbedingt auf Qualitätsarbeit. Beachten Sie vor dem Kauf die Silikonklebeflächen, die lückenlos und blasenfrei geklebt sein müssen.

Der Standort des Aquariums

Ein ganz wichtiger zu berücksichtigender Faktor ist die Statik des Gebäudes, in dem das Aquarium aufgestellt wird. Nur ein geringer Anteil an Aquarien wird für gewöhnlich im Keller aufgestellt. In anderen Etagen sind statische Aspekte zu berücksichtigen, die insbesondere Raumteiler mit größerem Gewicht, also ab 300 Litern Inhalt betreffen.

Achtung: In älteren Häusern mit Holzfußböden können sogar schon 200 Liter-Aquarien Gewichtsprobleme bereiten.

Über die erhältlichen und notwendigen Glasqualitäten informiert Sie Ihr Fachhändler. Allgemein ist es besser, wenn Sie Kristallspiegelglasaquarien kaufen, denn diese weisen keine Verzerrungen beim Betrachten der Fische auf. Über die nötige Stärke und Stabilität des Aquariums müssen Sie sich im Prinzip keine

Bei schwächeren Böden ist es besonders wichtig darauf zu achten, die Aquarien parallel zur und möglichst nah an der Wand aufzustellen. Wenn sich unter den Holzfußböden Balken befinden, dann müssen selbstverständlich die Füße des Aquarienschranks über den Balken stehen und die Füße können

Durch übermäßiges Algenwachstum können erhebliche Probleme entstehen. Der günstigste Standort für das Aquarium befindet sich deshalb möglichst weit von Fenstern, durch die Mittagslicht einfällt, entfernt. Morgenlicht ist allerdings für manche Guramis recht wichtig, weil sie durch das Licht zur Balz und zum Ablaichen stimuliert werden.

Nicht zuletzt ist noch ein weiterer Faktor für die Auswahl des Standorts des Aquariums zu berücksichtigen, denn wenn das Aquarium an einer sehr oft begangenen Stelle in der Wohnung, also beispielsweise im Flur steht, dann werden die Fische sehr oft erschreckt und dadurch großem Streß ausgesetzt.

Solche schöne offene Aquarien sind prinzipiell auch für Fadenfische und Guramis geeignet. In diesem Falle muß es aber garantiert sein, daß die Fische nicht herausspringen können. Dies läßt sich beispielsweise durch Bewuchs an allen Rändern gewährleisten.

Achtung: **Streß durch häufiges Erschrecken kann Krankheiten bei den Fischen verursachen.**

Andererseits ist auch ein zu ruhiger Standort ungünstig. Denn die Fische sollen sich ja an den Menschen gewöhnen, damit sie sich nicht bei jeder Gelegenheit erschrecken oder gar in Panik geraten. So wären beispielsweise Standorte im Arbeitszimmer oder im Wohnzimmer vertretbare Kompromisse.

Keinesfalls dürfen Aquarien in Räumen aufgestellt werden, in denen viel geraucht wird, weil das Wasser auf die umgebende Luft wie ein Schwamm wirkt und es dadurch einen großen Teil der Schadstoffe aus der Luft zieht, so daß diese im Aquarienwasser in Lösung gehen und dadurch die Fische stark schädigen können.

durch das Unterlegen von Brettern größere Auflageflächen bekommen. Alle weiteren auftauchenden Fragen klären Sie bitte mit einem Architekten oder Statiker, weil sie im Rahmen dieses kleinen Buchs kaum umfassend behandelt werden könnten.

Bei der Auswahl des Standorts des Aquariums ist unbedingt die Lage zum nächsten Fenster zu berücksichtigen.

Hinweis: **Wenn das Aquarium zu nah am Fenster steht, dann wird durch das einfallende Licht das Algenwachstum stark gefördert.**

Aus rein praktischen Gründen ist außerdem bei der Standortwahl auch die Nähe zur Wasserversorgung zu berücksichtigen, denn je nach dem, ob der Wasserwechsel durch Schläuche, über „Eimerschleppen" oder durch fest installierte Rohrsysteme erfolgen soll, sind entsprechende Vorkehrungen zu treffen. Wird die einfachste Lösung mit Eimertragen angestrebt, dann sind Teppichböden vor dem Aquarium denkbar ungeeignet und Folgeprobleme bereits vorprogrammiert.

Ein beispielhaft bepflanztes Fadenfisch- aquarium.

Wenn alle diese Faktoren berücksichtigt sind und ein vernünftiger Kompromiß oder besser ein idealer Standort gefunden wurde, dann kann es an das eigentliche Aufstellen des Aquariums gehen. Dafür muß die Unterlage unter dem Behälter absolut eben sein. Um eventuell doch übersehene oder später durch eine mögliche Materialsetzung entstehende

Unebenheiten auszugleichen wird eine Styropor- oder PU-Schaumplatte unter das Aquarium gelegt.

> **Tip:** Um bei großen Aquarien einem Materialstau des Styropors vorzubeugen, werden einige kleine Fenster, von etwa 6 x 6 cm, in die unterzulegende Platte geschnitten.

Wenn das Aquarium über eine außen angebrachte Heizmatte beheizt wird, dann ist die Matte zwischen der Styroporplatte und dem Aquariumboden unterzubringen.
Mit der Wasserwaage wird außerdem die genaue waagerechte Lage ermittelt oder gegebenenfalls durch das Unterlegen von Plättchen oder anderen Unterlegscheiben unter die Füße des Aquarienschranks hergestellt. Danach kann das Aquarium aufgestellt und ausgerichtet werden.

Das Bodengrundmaterial
Zunächst wird jetzt der Bodengrund in das Aquarium eingebracht. Wenn in den Bodengrund ein Dauerdünger eingebracht werden soll, dann ist dieser in etwa $2/3$ des Bodenmaterials unterzumischen und dies als untere Schicht einzubringen. Wenn außerdem ein Bodenheizungskabel im Bodengrund verlegt wird, dann ist dieses nach Vorschrift in Schlaufenform in der unteren Bodenschicht zu verlegen. Der Bodengrund mit dem Dünger sowie dem Heizkabel wird jetzt mit dem restlichen Aquarienkies überschichtet.

In der Aquarienliteratur ist oft der Vorschlag zu lesen, daß dunkler Bodengrund verwendet werden sollte, weil dann die Farben der Fische besser zur Geltung kämen. Dies trifft auch für viele Fische zu. Aber in den meisten Lebensräumen ist das Bodenmaterial sehr hell und außerdem ist dunkles Bodengrundmaterial im Zoofachhandel nur schwer erhältlich. Deshalb muß jeder Aquarianer nach seinem Geschmack und seinen Möglichkeiten selbst entscheiden, welche Bodengrundfarbe er verwendet.

Tip: **Die Korngröße für Aquarienkies ist zwischen 2 und 4 mm am günstigsten.**

Bei zu feinen Körnungen verstopfen die Hohlräume zwischen den Kieseln zu leicht und bei zu grober Körnung gehen leicht Futter und Jungfische in den Spalten verloren, was selbstverständlich unerwünscht ist.

Hinweis: **Sparen Sie sich Arbeit – denn die unteren zwei Drittel des Bodengrunds brauchen nicht gewaschen zu werden, zumal der darin enthaltene Lehm als zusätzlicher Pflanzendünger dient.**

Lediglich das als oberste Kiesschicht vorgesehene Material kann gewaschen werden, um eine Trübung des Aquarienwassers zu vermeiden. Aber auch dies ist nicht unbedingt notwendig, weil die Trübung bereits nach wenigen Stunden oder spätestens nach zwei bis drei Tagen von allein zurückgeht und vorher ohne-

hin keine Fische ins Aquarium eingesetzt werden dürfen.

In vielen tropischen Bächen und Seen besteht der Bodengrund aus feinem Sand. Dort wachsen meist nur wenige Wasserpflanzen, weil die Gewässer von den Tropenbäumen stark beschattet sind und der Sand kaum Pflanzennährstoffe enthält. Da im Sand schnell sauerstoffarme Bereiche entstehen, ist er für Guramiaquarien kaum geeignet.

Die Steinaufbauten

Da Guramis und Fadenfische kaum im Bodengrund graben wie manche größere Fische, die dabei das Aquarium umdekorieren, muß bei der Einbringung von Steinen nicht so sehr darauf geachtet werden, daß diese fest verankert sind. Inzwischen gibt es auch künstliche Steine im Handel, die den Vorteil haben, daß sie wesentlich leichter als echte sind. Diese künstlichen Felsen lassen sich nach einigen Tagen im Aquarium optisch kaum noch von echten Steinen zu unterscheiden. Es gibt außerdem fertig dekorierte Rückwände, die gut für Guramiaquarien geeignet sind.

Tip: **Wenn Steinaufbauten zur Einrichtung des Aquariums gehören, dann sind die unteren Lagen vor dem Hineinschütten des Kieses aufzustellen, um eine stabile Lagerung zu erreichen.**

Auch wenn die eingebrachte Rückwand aus einem Material besteht, das einen starken Auftrieb besitzt, wie etwa aus Kork oder Styropor, dann muß sie vor dem Einschütten des Bodengrunds eingebaut werden.

Für den Aufbau von Steinen im Guramiaquarium ist eine Aquarientiefe von 50 Zentimetern und mehr besonders günstig. Denn je tiefer das Aquarium ist, desto leichter lassen sich schöne Steinaufbauten gestalten. Verwenden Sie bei der Steinauswahl am besten nur gerundete Steine. Sogenannte Lavasteine mit scharfen Kanten sind für unsere Fadenfische nicht gut geeignet, weil sich die Fische bei ihren Revierkämpfen leicht daran verletzen könnten. Besonders an den Hornhäuten der Augen können dann gefährliche Verletzungen auftreten. Beim Aufschichten der Steine ist außerdem darauf zu achten, daß ausreichend Versteckplätze für junge oder verfolgte Guramis angeboten werden. Größere Fadenfische benötigen aber auch einen ausreichenden freien Schwimmraum, der sich, um dem Aquarianer die Beobachtung der Fische zu erleichtern, am besten im Vordergrund des Aquariums befindet.

Sogenannte Kalklochsteine sind für Guramiaquarien überhaupt nicht geeignet, denn sie besitzen durch die zahlreichen Löcher zwar eine interessante Form, aber sie geben gleichzeitig Kalk an das Wasser ab, was dazu führt, daß sich der pH-Wert und die Wasserhärte in unerwünschter Weise verändern.

Moorkienholz und Torf

Als weiteres Einrichtungsmaterial ist Moorkienholz oder Mooreiche sinnvoll. Natürlich darf nur Holz verwendet werden, das im Wasser nicht fault oder gar schädliche Substanzen abgibt. Eine leichte Braunfärbung des Wassers durch das Moorkienholz ist hingegen durchaus erwünscht.

Für Schokoladenguramis, *Sphaerichthys*-Arten, und andere Schwarzwasserfische wird das Wasser teilweise mit Fasertorf oder Torfgranulat zu Zuchtzwecken oder zur Aufbereitung des Schwarzwassers sogar gezielt mit Huminstoffen und Tanninen angereichert.

> **Tip:** **Sammeln sie im Herbst trockenes Rotbuchenlaub. Dieses ist ein idealer Bodengrund in Zuchtaquarien und dient zur Anreicherung des Zuchtwassers mit Huminsäuren und Tanninen.**

Die Füllung des Aquariums

Nach der Einrichtung und der Installation der Technik, die allerdings noch nicht ans Stromnetz angeschlossen werden darf, wird das Aquarium zu $1/3$ bis $2/3$ mit Wasser gefüllt. Damit beim Einlaufenlassen des Wassers über einen Schlauch kein Bodengrundmaterial sowie Schmutz und Dünger aus dem Grund aufgewirbelt und damit die Einrichtung unerwünscht umgestaltet wird, ist es günstig, einen Teller oder etwas ähnliches unter den Wasserstrahl zu stellen, damit der Wasserstrahl gebrochen wird und es zu keinen Aufwirbelungen kommt.

Das Wasser

Das Wasser spielt für manche Guramis, vor allem Schokoladenguramis, eine besondere Rolle. Das Aquariumwasser muß dem Wasser der Heimatgewässer der jeweiligen Arten möglichst weitgehend entsprechen. Dadurch sind die Möglichkeiten der Vergesellschaftung verschiedener Arten eingeschränkt, wenn die bevorzugten Wasserwerte nicht übereinstimmen.

Bei der Wasserhärte sind die Gesamthärte und Karbonathärte des Wassers zu unterscheiden. Sie werden als Grad Gesamthärte in °dGH und als Karbonathärte in °dKH angegeben. Für die meisten Guramis und Fadenfische muß das Wasser weich sein.

Aquarianer müssen regelmäßig die Wasserqualität in ihren Aquarien überwachen, denn nur bei einem pH-Wert von 5,5 bis 7,2 und einer Gesamthärte zwischen 2° und 10 °dGH fühlen sich die meisten Guramis wohl. Vor allem bei der Pflege der empfindlichen Schokoladenguramis sind die extremen Wasserwerte ständig zu kontrollieren.

Bei einem regelmäßigen Wasserwechsel muß das zum Wechseln verwendete Wasser etwa die gleichen Werte aufweisen wie das vorhandene Aquarienwasser, damit die Unterschiede für die Fische nicht zu kraß sind.

Idealerweise wird wöchentlich ein Drittel oder zweiwöchentlich zwei Drittel des Aquarienwassers ausgetauscht, denn solche Teilwasserwechsel sorgen dafür, daß Ihre Guramis gesund bleiben und zur Zucht angeregt werden. Auch der Schadstoffabbau wird durch regelmäßige Teilwasserwechsel beschleunigt. Zwar sind solche Teilwasserwechsel für den Aquarianer recht arbeitsintensiv aber im Gegenzug dazu sind die Pfleglinge gesund und aktiv.

Die Abdeckung

Aquarien für Guramis müssen unbedingt abgedeckt werden, damit die Fische nicht herausspringen können und damit nicht zuviel Wasser verdunstet. Viele Kletterfische springen gern und viel und sind dadurch einem hohen Risiko, aus dem Aquarium herauszuspringen, ausgesetzt. Außerdem wird immer wieder behauptet, daß sich Labyrinthfische erkälten könnten, wenn die Luft über dem Aquarium zu kalt sei. Ob wirklich etwas daran ist, erscheint mir zweifelhaft, aber – warum ein Risiko eingehen? Eine Tatsache ist es aber, daß die Schaumnester unter der Abdeckung erheblich stabiler bleiben, als wenn sie der Zugluft ausgesetzt sind.

Andererseits entsteht durch die Kohlendioxiddüngung der Pflanzen ein Problem. Überschüssiges CO_2 kann sich quasi als unsichtbarer Film auf die Wasseroberfläche legen und die luftschöpfenden Guramis gefährden. Ein leichter Luftaustausch zwischen Wasseroberfläche und Abdeckung ist also wichtig, damit die Sauerstoffversorgung der Fische gesichert ist.

Als Abdeckung sind vier bis fünf Millimeter dicke Glasscheiben oder durchsichtige Kunststoffplatten, die einen Gewichtsvorteil haben, sehr wichtig. Aber Plexiglas ist wärmeempfindlich und verzieht und biegt sich, wenn es länger auf dem Aquarium unter der Beleuchtung liegt, so daß an den Seiten wieder Ritzen entstehen, wodurch die Fische entweichen können.

Offene Aquarien, die mit hängenden Lampen beleuchtet werden, müssen mit einer Art „Kragen", der aus dünnen Glas mit Silikon geklebt sein kann, versehen sein, um hier ein Herausspringen der Fische zu unterbinden und Luftströmungen direkt an der Wasseroberfläche zu mindern.

Keinesfalls darf die Abdeckung der Wasseroberfläche direkt aufliegen, denn dann könnten die Guramis keine Luft an der Oberfläche schöpfen und müßten ersticken. Es hat sich bewährt, nicht eine ganze Deckscheibe zu verwenden, sondern mehrere kleine, so daß nie die gesamte Fläche abgedeckt sein kann, auch wenn es zu Unfällen kommt.

Alle Ritzen und die abgeschnittenen Ecken, durch die notwendige Rohre und Kabel ins Aquarium geleitet werden, müssen sorgfältig mit Schaumstoffstückchen verstopft sein, denn die Kletterfische fin-

In diesem schön nach japanischem Vorbild bepflanzten Aquarium werden sich auch Guramis und Fadenfische sehr wohl fühlen.
Foto: Aqualife, Taiwan

den leider jede winzigste Gelegenheit, um aus dem Aquarium zu entweichen.

Tip: Eine aus mehreren einzelnen Scheiben bestehende Abdeckung erleichtert die Fütterung, da so nicht immer die ganze Scheibe angehoben werden muß.

Es ist sinnvoll, einen kleinen Griff auf die zur Fütterung abzuhebende Deckscheibe zu kleben.

Aus dem Aquarium herausgesprungene Fische müssen sofort zurückgesetzt werden, damit sie nicht durch Austrocknung sterben. Fische, die bereits länger draußen lagen, da sie unbemerkt heraussprangen, deren Haut bereits ange-

trocknet ist, die aber noch leben, müssen sofort ins Quarantäneaquarium gesetzt werden. Das gilt auch für Guramis, die sich beim Herausspringen, was ja auch bei der Fütterung geschehen kann, verletzt haben. Vorsorglich sollte dem Wasser im Quarantäneaquarium ein Mittel gegen Verpilzungen beigegeben werden.

Das Schauaquarium

Schöne bepflanzte Aquarien und Gesellschaftsbecken sind ideal für die Pflege von Fadenfischen und Guramis. Weil diese Aquarien dem üblichen weit verbreiteten Schema entsprechen, muß hier nicht näher darauf eingegangen werden.

Das Zuchtaquarium

Bei den Vorstellungen der einzelnen Arten finden sich die jeweiligen speziellen Ansprüche erläutert, deshalb sind hier nur allgemeine Dinge angesprochen. Guramizuchtaquarien müssen bestimmte Anforderungen erfüllen. Das Wasser muß weich und – je nach Art – leicht bis stark sauer sein. Für die Weibchen müssen viele Verstecke zur Verfügung stehen; Schwimmpflanzen erleichtern den Männchen den Schaumnestbau, eine Filterung oder ein Ausströmerstein wirken störend (außer bei Maulbrütern).

Für die Labyrinthfischzucht hat es sich bewährt, das Aquarium nur halb oder zu zwei Dritteln mit Wasser zu füllen, damit sich über dem Wasser ein ausreichender Luftraum mit warmer Luft bilden kann. Außerdem können die Sumpf- und Schwimmpflanzen hier aus dem Wasser herauswachsen, wachsen deshalb besser und sorgen so für die notwendige gute Wasserqualität und zudem beschatten sie die Oberfläche, was den Fischen wiederum die nötige Sicherheit verleiht. Denn in der Natur leben die Fische in ständiger Angst vor Räubern aus der Luft, wie beispeilsweise Reihern oder Eisvögeln. Nur wenn sie sich sicher fühlen, können sie in Ruhe Luft an der Oberfläche schöpfen und das Nest unter einem Blatt oder in einer Ecke des Aquariums errichten.

Pflanzen an der Oberfläche müssen einige Bereiche im Aquarium beschatten, damit die Guramis sich wohl fühlen.

Neben nicht ganz dem Grund aufliegenden Moorkienholzstücken haben sich gut gesäuberte Kokosnußschalen als Verstecke für die Weibchen bewährt. Denn bevor das Männchen sein Revier gegründet und das Schaumnest errichtet hat, wird das Weibchen intensiv angegriffen und muß genügend Verstecke, auch in Oberflächennähe vorfinden.

Hinweis: Auf Kies als Bodengrund kann im Zuchtaquarium verzichtet werden; besser ist es, die spiegelnde Bodenplatte mit Laub, Fasertorf oder etwas Torfgranulat abzudecken; dies kommt auch der Wasserqualität zugute.

Anstelle der nur teilweise mit Wasser gefüllten Aquarien sind selbstverständlich auch Paludarien für die Fadenfisch- und Guramipflege und -zucht sehr gut geeignet. Auch hierin muß darauf geachtet werden, daß im oberen Teil keine zu kühle Luft zirkuliert.

Das Aquarium für Fadenfische und Guramis unterscheidet sich nicht wesentlich vom üblichen Aquarium. Weil es sich hier um Labyrinthfische handelt, braucht der Sauerstoffversorgung der Fische keine besondere Aufmerksamkeit geschenkt zu werden. Dafür betreffen den Raum über der Wasseroberfläche einige spezielle Voraussetzungen, weil die Labyrinthfische die benötigte atmosphärische Luft von dort atmen.

Die Wassertemperatur

Die beste Wassertemperatur für die meisten Guramis und Fadenfische liegt zwischen 22 und 25 °C. Für die Beheizung des Wassers haben sich in der Aquaristik die Stabregelheizer bewährt. Diese Stabheizer mit einer Temperaturregelung können sehr einfach im Aquarium oder in einem offenen Außenfilter untergebracht werden. Mit Hilfe eines Einstellrads an der Oberseite des Heizers läßt sich die gewünschte Temperatur einregeln, was aber zur korrekten Ersteinstellung zunächst etwas Geduld erfordert. Im Betrieb bleibt die einmal eingestellte Temperatur dann stabil, auch wenn sich außerhalb des Aquariums Temperaturschwankungen vollziehen. Nur wenn es im Raum, in dem das Aquarium steht, zu kalt wird, so daß der Heizer bei Dauerbetrieb die gewünschte Temperatur nicht mehr aufrecht erhalten kann, ist das Aquarium an den Außenseiten mit Styropor zu isolieren und ein Heizstab mit einer höheren Leistung zu installieren.

Hinweis: Bei der Auswahl des Regelheizers müssen Sie unbedingt darauf achten, daß Sie ein Markengerät erwerben, das den Sicherheitsvorschriften entspricht.

Für die einfache Haltung der Guramis und Fadenfische genügt oft die Zimmertemperatur, wenn sie sich in der meisten Zeit mindestens zwischen 20 und 22 °C befindet. Die Wassertemperatur darf jedoch längerfristig 18 °C nicht unter- und 30 °C nicht überschreiten. Alle Labyrinthfische werden meist viel zu warm gehalten, weil die Wassertemperaturen an der Wasseroberfläche mancher ihrer Heimatgewässer recht hoch sein kann. Tatsächlich sind die Temperaturen aber oft in der wärmsten Periode und dann noch in der oberen Wasserschicht gemessen worden.

Achtung: Alle Guramis und Fadenfische fühlen sich bei 22 °C Wassertemperatur sehr wohl und laichen dabei, wenn auch weniger häufig, auch ab.

Vor allem die Schokoladenguramis brauchen diese relativ niedrige Temperatur sogar zum Ablaichen; die dem entgegengesetzt und völlig falsch manchmal bis zu 30 °C angegeben wird.
Die geringere Wassertemperatur hat für die Guramipflege außerdem den weiteren Vorteil, daß sich dabei unerwünschte oder gar schädliche Bakterien, Pilze und Algen weniger schnell vermehren und ausbreiten.
Um ein Aquarium in einem Wohnraum mit normaler Zimmertemperatur trotz-

dem zu beheizen, genügt es, wenn pro drei bis vier Litern Aquarienwasser einem Watt Heizleistung des Regelheizers entsprechen.

> **Hinweis: Im normal beheizten Raum wird pro drei bis vier Litern Aquarienwasser ein Watt Heizerleistung benötigt.**

Dies bedeutet, daß für ein Aquarium mit 300 Litern Wasserinhalt ein Heizstab von 75 oder 100 Watt benötigt würde.
In größeren Aquarien oder Zuchtanlagen mit einem Zentralfilter, in welchem sich die Heizung befindet, empfiehlt es sich, statt einem Heizstab mit hoher Leistung lieber zwei schwächere Heizstäbe einzusetzen. Auf diese Weise kann bei einem Ausfall das andere die Temperatur, nach einem Totalausfall eines Geräts, wenigstens teilweise ausgleichen, und die negativen Auswirkungen auf die Fische und Pflanzen werden so gemindert.

> **Achtung: Die Temperatur des Aquarienwassers muß mit – Hilfe eines genau messenden Thermometers –, genauso wie die anderen chemischen Wasserwerte, ständig überwacht werden.**

Alternativen zu den Stabheizern sind die bereits erwähnten Heizmatten oder -kabel, die über Tempertursensoren und Steuergeräte geregelt werden. Durch außen angebrachte Heizmatten kann eine weitere Stromleitung aus dem Aquarium entfernt werden. Auch geschlossene Außenfilter mit eingebauter Heizung sind erhältlich und haben sich sehr bewährt.

Die Filterung

Das Angebot an leistungsfähigen Filtern für die Aquaristik umfaßt unterschiedlichste Filtertypen. Die Hersteller bieten verschiedene Filtersysteme an und deshalb erscheint es dem Aquarianer manchmal schwierig, sich durch dieses umfangreiche Angebot hindurchzufinden. Meist ist die Filterung des Aquariums das Kernstück der Technik, denn gerade die in den großen Tropengewässern lebenden Guramis sind teilweise an, einem „Süßwassermeer" ähnliche, Verhältnisse angepaßt und benötigen daher eine gute Filterung.

> **Neben dem regelmäßigen Teilwasserwechsel ist die Filterung die einzige Möglichkeit, dem Wasser Schadstoffe zu entziehen und es gleichzeitig mit Sauerstoff anzureichern.**

Neben dem Wasserreinigungseffekt sorgt die Filterung auch für eine – von vielen Fischen bevorzugte – Wasserbewegung im Aquarium. Die Strömung fördert die Vitalität und die Abwehrkräfte der Guramis. Eine starke Strömung fördert außerdem – gemeinsam mit einer guten Ernährung – die gute Entwicklung und das Wachstum der Jungfische. In der Süßwasseraquaristik setzen sich Rieselfilter mehr und mehr durch. Rieselfilter sind Filter, in denen das zu reinigende Aquarienwasser mit Hilfe einer Pumpe über ein Filtersubstrat geleitet wird, das es dann unter Luftzufuhr langsam durchrieselt. Bei dieser langsamen Filterung können Schadstoffe von den auf dem Substrat siedelnden Bakterien abgebaut werden. Das über die Filtermasse rieselnde Wasser sammelt sich in einem Auffangbehälter und wird von dort über eine Pumpe in das Aquarium zurückgeleitet. Beim Rieselfilter befindet sich also das Filtermaterial nicht im Wasser, sondern locker aufgeschichtet in einer wasserfreien Kammer. Bei diesem Filtersystem werden die Kleinstlebewesen in der Filtermasse reichlich mit Sauerstoff versorgt und können dadurch eine hohe Abbauleistung erreichen. Natürlich muß das Wasser, welches aus dem Aquarium gepumpt wird, vorgereinigt werden, damit keine groben Schmutzpartikel in den Filter gelangen und dort die wichtigen feinen Porensysteme der Filtersubstrate verstopfen. Zu berücksichtigen ist auch, daß offene Rieselfiltersysteme eine erhebliche Menge an Wasser verdunsten lassen und dies kann sich zu einem Problem entwickeln, wenn die Luftfeuchtigkeit im Raum zu groß wird oder der Wasserstand im Aquarium sehr oft kontrolliert und aufgefüllt werden muß.

Ein anderes Filtersystem, welches seit vielen Jahren von erfahrenen Aquarianern bevorzugt wird, ist der Aufbau eines Mehrkammerfilters, worin das zu reinigende Wasser durch mehrere Kammern mit verschiedenen Filtermaterialien geleitet wird. Dieser Biofilter könnte seitlich ins Aquarium eingeklebt oder besser neben oder unter dem Aquarium aufgestellt werden. In diesem Mehrkammerfilter befindet sich in der ersten Kammer meist nur etwas Filterwatte als

Vorfiltermaterial, das regelmäßig ausgewaschen oder erneuert wird. Hier setzt sich auch der grobe Schmutz am Boden ab. In der zweiten und dritten Filterkammer befinden sich meist Filtermaterialien wie Filterwatte, Filterschaumplatten, Keramikröhrchen oder Kunststoffkörper. In diesen Kammern wird das Wasser gereinigt und geklärt. Aus der letzten Kammer wird das gereinigte Wasser über eine Pumpe wieder

Auch für solche Zuchtformen der Fadenfische, Trichogaster trichopterus, genügt die Zimmertemperatur zur Haltung, sofern sie 20 °C nicht dauerhaft unterschreitet.

in das Aquarium zurückgeführt. Vorteile dieser Biofilter sind die Schaffung klaren Wassers und eine schnelle Handhabung durch einen leicht möglichen direkten Zugriff auf das Filtermaterial. Sind diese Filter entsprechend groß ausgelegt, haben sie eine lange Standzeit und können über viele Monate oder sogar Jahre ohne weitere Wartung betrieben werden.

In kleineren Guramiaquarien sind luftbetriebene Topffilter sehr gut einsetzbar, denn sie reichern das Aquarienwasser zusätzlich mit Sauerstoff an. Es handelt sich hierbei um Filtertöpfe mit Plastikröhren in der Mitte, deren Kern mit Filterwatte umwickelt ist oder aus einer Schaumstoffpatrone gebildet wird.

Zum Antrieb der Filter wird eine Durchlüfterpumpe benötigt, die in das Innere der Röhre Luft drückt, welche das Wasser mitreißt und in das Aquarium pumpt. Da alle diese Röhren hohl und am Boden mit einem Sieb versehen sind, läßt sich dieser Hohlraum noch zusätzlich mit grobem Filtermaterial auffüllen. Auf diese Weise wird die Filteroberfläche nochmals vergrößert. Das einfache Prinzip dieser Filterung beruht darauf, daß das Wasser durch die Röhren gezogen wird und sich die Bakterien in diesen Röhren und im Filtermaterial ansiedeln, welche dann die Schadstoffe aus dem Wasser aufarbeiten und in weniger schädliche Stoffe umsetzen.

Für Zuchtaquarien der schaumnestbauenden Guramis sind diese Filter aber nicht besonders geeignet, weil die von diesen Filtern verursachte Oberflächenbewegung einen Schaumnestbau be- oder sogar ganz verhindert.

In allen Größen sind Motortopffilter für Aquarien erhältlich. Es handelt sich hierbei um Filtertöpfe, denen einfach eine Pumpe aufgesetzt wurde. In den Töpfen befinden sich dann die verschiedensten Filtermaterialien. Die Reinigung des Filters ist unproblematisch, denn die Schläuche können über Schnell-trennkupplungen – je nach Bedarf – verbunden oder getrennt werden. In diesen Topffiltern sammelt sich schnell viel Schmutz an, der regelmäßig durch Rückspülung oder Austausch der Vorfiltermassen entfernt werden muß.

Für alle Filter gilt das gleiche. Sie sind ständig auf ihre Funktion zu überprüfen und Schlauch- oder Rohrverbindungen müssen immer wieder auf festen Sitz kontrolliert werden, damit es nicht zu Pannen kommt, die letztendlich dazu führen können, daß ganze Aquarien leerlaufen. Bauen Sie also hier entsprechende Sicherungen ein. Sparen Sie auch nicht am richtigen Filter und der entsprechenden Größe, denn je größer das Filtervolumen ist, um so besser ist die Versorgung des Aquariums und des Filters mit Sauerstoff gewährleistet. Auch längere Standzeiten lohnen die Anschaffung eines größeren Filters.

Achtung: Der Filter darf keine heftige Oberflächenbewegung erzeugen, damit die schaumnestbauenden Guramis ihre Nester ungestört errichten können.

Bei einer erfolgreichen Zucht muß die Ansaugöffnung des Filters mit einer Schaumstoffpatrone gesichert werden, damit die Kleinen nicht in den Filter gesaugt werden, was bei den meisten Fabrikaten ihr Todesurteil wäre. Die Schaumstoffpatronen müssen dann täglich oder noch häufiger ausgewaschen oder ausgetauscht werden, damit sich ihre Poren nicht zusetzen und der Filter weiter einwandfrei funktionieren kann. Wenn nicht genügend Wasser angesaugt werden kann, könnten Motorfilterpumpen sogar Schaden nehmen.

Ohne Filter?

Diese Frage ist für Fadenfisch- und Guramiaquarien gar nicht so ungewöhnlich. Weil diese Fische ihren Sauerstoffbedarf aus der Atmosphäre decken, ist die Filterung im Prinzip lediglich zur Wasserreinigung, nicht aber zur Sauerstoffversorgung nötig. Wenn die Guramis allerdings mit normal kiemenatmenden Fischen vergesellschaftet sind, dann darf selbstverständlich nicht auf eine angemessene Sauerstoffversorgung verzichtet werden. Wird – wie es das beste ist – nur ein Paar in einem größeren Aquarium gepflegt, eventuell mit einigen Algenfressenden Fischen vergesellschaftet, dann kann sogar völlig auf eine Filterung verzichtet werden!

> **Achtung:** Im ungefilterten Aquarium muß der Pflanzenwuchs durch Düngung, CO_2-Düngung und Beleuchtung perfekt sein.

Der Pflanzenwuchs, als lebender Filter, und der Teilwasserwechsel genügen dann für die Wasserpflege. Dies gilt aber nur für gering besetzte Aquarien! Aufzuchtaquarien mit vielen Jungfischen müssen selbstverständlich gut und kräftig gefiltert werden. Auch bei maulbrütenden Guramis darf auf eine Motorfilterung nicht völlig verzichtet werden, hier genügen aber schwächere Geräte, die eigentlich für kleinere Aquarien konzipiert sind. In meinen Aquarien haben

sich die kleinen Motorinnenfilter, die aber mit größeren Schaumstoffblöcken versehen werden, sehr gut bewährt.

Luftversorgung und Sprudelstein

Diese Gerätschaften aus der Anfangszeit der Aquaristik passen nicht in Guramiaquarien. Fadenfische decken ihren Sauerstoffbedarf aus der Luft und brauchen deshalb keinen hohen Sauerstoffgehalt im Wasser. Mit der von ihnen verursachten Strömung und dem ständigen „Geblubber" stören sie die Fische und verhindern einen Schaumnestbau, so daß sie eine erfolgreiche Zucht unterbinden.

Auf den Pflanzenwuchs wirkt Sauerstoff im Wasser eher hemmend. Darüberhinaus treiben Sprudelsteine das mühsam für die Pflanzendüngung ins Wasser eingebrachte CO_2 wieder aus. Lediglich in Aufzuchtaquarien haben Sprudelsteine zur Wasserbewegung eine gewisse Berechtigung. Doch ist auch hier eine Motorfilterung besser, denn Sprudelsteine erzeugen unnatürliche senkrechte Strömungen und Wirbel, während in der Natur waagerechte, laminare Strömungen vorherrschen.

Oxydatoren

Da Oxydatoren in erster Linie der Sauerstoffversorgung der Fische dienen, sind sie für das normale Aquarium mit Labyrinthfischen nicht notwendig. Weil sie aber gleichzeitig die Wasserqualität verbessern, haben sich Oxydatoren in Aufzuchtaquarien für Guramis und Fadenfische sehr bewährt.

Der Wasserreinigungseffekt des Oxyda-
tors beruht darauf, daß von der Oxyda-
torflüssigkeit (H_2O_2) Schadstoffe oxi-
diert und dadurch zersetzt und weitgehend unschädlich gemacht werden.

Als Nebenprodukt entsteht lediglich ge-
wöhnliches reines Wasser. Auch viele
Krankheitserreger vertragen das H_2O_2
nicht. Allerdings kommen nicht alle Wasserpflanzen mit dem Qxydator – bezie-
hungsweise dem H_2O_2 – zurecht, vor
allem feinblättrige Pflanzen sind in dieser Hinsicht sehr empfindlich.

CO_2-Düngeanlage

Es gibt Düngeanlagen mit sehr unterschiedlichen Prinzipien, die hier nicht
alle vorgestellt werden können. Für die
Versorgung der Pflanzen im Guramiaquarium sind alle geeignet. Für die
Fische müssen allerdings einige Voraussetzungen beachtet werden.

Hinweis: Die Fadenfische und Guramis
dürfen nicht direkt vom CO_2-Gasvorrat
atmen können, weil sie sonst an Sauerstoffmangel sterben würden.

Außerdem muß aus dem gleichen
Grund, wie bereits erwähnt, eine Anrei-
cherung des CO_2 als Film über der Wasseroberfläche verhindert werden.
Für den Betrieb der Anlage ist eine
Nachtabschaltung unbedingt erforderlich, weil sich der CO_2-Film über der
Wasseroberfläche sonst vor allem nachts
bilden würde und die Fische direkt unter
der Oberfläche schlafen.

Ein guter Pflanzenwuchs ist ohne CO_2-
Düngung nicht zu erzielen und ohne
Wasserpflanzen ist eine gute Gura-
mipflege kaum möglich.

Außerdem sollte von vornherein genügend Platz für eine große CO_2-Vorrats-
flasche vorgesehen werden, damit der
Vorrat nicht zu oft ergänzt werden muß,
was außerdem auch aus Kostengründen
nicht sinnvoll ist.

Die Beleuchtung

Da im Fadenfischaquarium üblicherweise viele und oft auch anspruchsvol-
le Pflanzen gepflegt werden, ist eine
gute Beleuchtung des Aquariums wichtig. Auch für die Guramis wird eine
Beleuchtung des Aquariums benötigt,
damit ihre attraktiven Farben richtig
zur Geltung kommen. Ein zu grelles
Licht sorgt allerdings eher für Unbeha-
gen bei den Fischen.

Achtung: Es muß ein Kompromiß zwischen den hohen Lichtansprüchen der
Wasserpflanzen und den Ansprüchen
der eher schwaches Licht liebenden
Guramis gefunden werden.

Meist werden deshalb nur zwei bis drei
Leuchtstoffröhren über dem Guramiaquarium eingesetzt.
Die Auswahl der Lichtart ist hierbei etwas
vom Geschmack des Aquarianers ab-
hängig. Um die Farbtöne der Fadenfische und Guramis jedoch nicht zu ver-
fälschen, ist eine Tageslichtleuchte gut.
Ihr Licht ist hell und weiß und läßt die

Farben der Fische und Pflanzen natürlicher wirken. Die violetten Pflanzenleuchten sind für die Wasserpflanzen günstig, sie verändern aber die Wirkung der natürlichen Farben im Aquarium. Wenn über dem Aquarium mehrere Leuchtstoffröhren installiert sind, dann können sinnvollerweise unterschiedliche Lichtfarben kombiniert werden, um einen großen Nutzen und attraktive Lichtfarben zu erzielen.

Über einer Zeitschaltuhr kann die tägliche Beleuchtung auf elf bis maximal dreizehn Stunden eingestellt werden.

Die neuen Fische

Ist das Aquarium mindestens zwei bis drei Wochen in Betrieb gewesen, die Wasserwerte sind optimal und die gesamte Technik funktioniert, dann können die ersten Fische eingesetzt werden. Wo bekommen Sie jetzt die besten Fische für Ihr Aquarium? Natürlich beim Fachhändler, da dieser sich auf den Aquarienfischverkauf spezialisiert hat. Hier sollten Sie selbst Kontakte knüpfen und sich beraten lassen. Warten Sie aber mit dem Kauf noch etwas ab, denn Sie müssen sich darüber im Klaren sein, daß Sie zueinander passende Fische erwerben müssen. Auch die Frage Nachzuchten oder Wildfänge muß geklärt sein, denn Nachzuchten sind in der Regel bei der Haltung stabiler und weniger anfällig gegen Krankheiten, weil sie bereits an das einheimische Wasser ge-

Gerade beim Erwerb von Fadenfischen der Gattungen Colisa *und* Trichogaster *(im Bild) muß der Aquarianer sehr darauf achten, daß er gesunde Fische erwirbt, denn Asienimporte bringen oft einige Krankheiten mit.*

*Auch Importe
der Zuchtfor-
men von Colisa
lalia sind
manchmal an
Bauchwasser-
sucht erkrankt,
obwohl sie
zunächst beim
Erwerb völlig
gesund wirken.*

wöhnt wurden. Ein weiterer Vorteil der Nachzucht ist ihr etwas günstigerer Preis und Sie können halbwüchsige Fische erwerben, die Sie sich selbst groß ziehen, was sicher auch viel Spaß macht.

Auch die geplante Anzahl der Fische für das Aquarium ist zu berücksichtigen, denn meist wird anfangs der Fehler gemacht, daß im Verhältnis viel zu viele Fische in einem Aquarium gehalten werden. Da Aquarien für Fadenfische und Guramis meist zu klein sind, „weil ja die Fische klein sind", dürfen niemals zu viele Fische erworben werden.

> **Tip:** Planen Sie pro Zentimeter Körperlänge des ausgewachsenen Fischs, mindestens zwei Liter realen Wasserinhalt des Aquariums ein.

Bei dieser Rechnung ist das Volumen der Einrichtungsgegenstände und des Bodengrunds vom Aquarienvolumen abzuziehen, um auf die reale Wassermenge zu kommen. Wenn Sie also ein Aquarium mit 200 l Wasserinhalt besitzen, können Sie darin nicht etwa 100 cm ausgewachsene Fischlänge unterbringen – es ist viel weniger! Wenn Sie jetzt wissen, daß Ihre zukünftigen Fische später eine Durchschnittslänge von 10 cm erreichen, dann können bei diesem Beispiel also etwa acht bis neun Fische in das Aquarium eingesetzt werden.

Bei der Auswahl der einzelnen Arten, müssen Sie sich auf die Beratung vor Ort im Zoofachgeschäft verlassen. Da es beim Kauf von ausgewachsenen Guramis immer wieder zu Rangeleien der Fische untereinander im neuen Aquarium kommen wird, ist es schon wichtig, sich Gedanken über eine richtige Zusammenstellung der Arten und der Anzahl der je Geschlecht vertretenen Fische zu machen.

> **Hinweis:** Für die Pflege der meisten Fadenfischarten ist es sehr sinnvoll, einem Männchen mehrere Weibchen zuzuordnen.

Weil sich die Aggressionen von revierbesitzenden Guramis vor allem gegen andere Männchen richten, werden Weibchen weniger behelligt; wenn diese aber auch angegriffen werden, dann verteilt sich bei der Pflege mehrerer Weibchen auch der Streß durch die häufigen Verfolgungsjagden auf mehrere Fische.

Vorsorge

Eine wesentliche, der immer wieder wiederholten Grundregeln betrifft den Erwerb von ausschließlich gesunden Fischen. Guramis, die sich an Gegenständen scheuern, die Flossen klemmen oder gar Beläge auf den Schuppen oder den Augen aufweisen, dürfen auf keinen Fall erworben werden. Auch abstehende Schuppen, Wunden, aufgetriebene Körper, schaukelnde oder ruckartige Körper- und Schwimmbewegungen sind sichere Krankheitsanzeichen.

Manche dieser Signale sind allerdings auch bei der Balz der Fische zu beobachten, fortgeschrittene Aquarianer erkennen die Unterschiede meist leicht. Im Zweifelsfalle ziehe der Aquarianer am besten einen erfahrenen Kollegen zu Rate oder frage seinen Zoofachhändler.

Oft wird es empfohlen, neu erstandene Pfleglinge zwei bis drei Wochen unter Quarantäne zu halten, ehe sie mit anderen Fischen zusammengebracht werden. In der Realität erscheint dies meist nicht durchführbar oder zu aufwendig. Da auch äußerlich gesund erscheinende Fische durch den Fang und Transport sowie die veränderte Umgebung gestreßt und damit krankheitsanfälliger werden, kommt es immer wieder vor, daß neue Fische erkranken und schließlich den gesamten Bestand infizieren. Deshalb sollte kein Aquarianer auf die Quarantäne verzichten.

Hinweis: Da das Vorbeugen leichter als eine verspätete Heilung ist, müssen auch die möglichen Erkrankungen der Guramis vermieden werden.

Schokoladenguramis, Sphaerichthys osphromenoides, *sind extrem empfindliche Schwarzwasserfische, die nur erworben werden dürfen, wenn der Pfleger über spezielle Kenntnisse verfügt.*

Von den zahlreichen Erkrankungen, die Guramis befallen können, können hier naturgemäß nicht alle erwähnt werden. Im Falle der Erkrankung der Fische oder schon des Verdachts, muß ein gutes Buch über Fischkrankheiten oder der Zoofachhändler konsultiert werden.

Kontrolle

Guramis, die gekauft werden sollen, müssen einige Zeit genau beobachtet werden. Oft haben die Fische vor dem Erwerb beim Zoohändler bereits eine lange und umständliche Reise hinter sich. Bei dem dichten Zusammenpferchen im Transportbeutel und dem Kontakt zu anderen Fischen in den Großhändlerbecken gibt es viele Infektions- und Übertragungsmöglichkeiten. Deshalb kann auch der zuverlässigste Zoofachhändler niemals garantieren, völlig gesunde Fische zu verkaufen.

Ist die Kontrolle beim Einkauf positiv für die neuen Pfleglinge ausgefallen, dann werden sie zu Hause einer weiteren in einem kleinen Aquarium, in dem sie gut betrachtet werden können, unterzogen. Nur wenn auch hier keine Löcher oder Parasiten zu finden sind, können die Fische ins Quarantäneaquarium gesetzt werden. Beim Einsetzen muß ein vorsichtiger Ausgleich der Wasserwerte erfolgen.

Quarantäne

Die meisten Guramis besitzen recht zarte Schuppen und sind deshalb gegenüber *Ichthyophthirius*, *Oodinium* und anderen Ektoparasiten äußerst anfällig.

Deshalb darf kein Aquarianer – auch wenn er nur ein Aquarium im Arbeits- oder im Wohnzimmer hat – auf ein Quarantäneaquarium verzichten.

Das Quarantäneaquarium wird ohne Einrichtungsgegenstände und Bodengrund eingerichtet, da diese gegebenenfalls die ins Wasser gegebenen Medikamente adsorbieren. Außerdem erschweren sie das Herausfangen der Fische. Um den Fadenfischen einige Verstecke anzubieten, genügen deshalb einige umgedrehte Blumentöpfe, die gegebenenfalls leicht entfernt werden können, wenn es notwendig wird. Erscheinen die neuen Fische gesund, dann können sie nach drei Wochen zum Altbestand gesetzt werden. Dabei muß sich der Aquarianer jedoch darüber im Klaren sein, daß nur die häufigsten Erkrankungen ausgeschlossen wurden. Es gibt nämlich Krankheiten, bei denen die Inkubationszeit, also der Zeitraum zwischen der Infektion und dem Ausbruch der Krankheit, bis zu einem halben Jahr oder sogar länger dauern kann.

> **Hinweis:** Falls im Quarantäneaquarium eine Krankheit ausgebrochen ist und behandelt wurde, dann ist die Gesamtquarantänezeit um den Zeitraum der Behandlung zu verlängern.

Krankheiten

Leider gehören die Guramis zu den Fischen, die für eine größere Anzahl von Krankheiten besonders anfällig sind. Nicht alle davon können heute zufriedenstellend behandelt werden, viele sind aber, rechtzeitig erkannt, keine große Gefahr. In diesem Buch können nur die häufigsten Krankheiten behandelt werden, deshalb muß auf die spezielle Fachliteratur verwiesen werden. Grundsätzlich gilt, daß Krankheiten – vor allem die durch die zuerst behandelten Einzeller und Bakterien ausgelösten – oft typische Schwächekrankheiten sind, also dann auftreten, wenn der Fisch bereits vorgeschädigt ist. Optimale Haltungsbedingungen helfen Krankheiten vorzubeugen.

Bakterielle Flossenfäule

Manche Guramis und Fadenfische, vor allem der Zwergfadenfisch, erweisen sich als besonders anfällig für bakterielle Flossenfäule und Bauchwassersucht. Schon ein kurzzeitiger Filterausfall, ein Transport oder Unterkühlung, wahrscheinlich auch organische Belastungen des Wassers, können zum Ausbruch dieser, für die Guramis gefährlichen Krankheit führen. Oft muß der Aquarianer aufgrund dieser Krankheit unnötige Verluste an liebgewonnenen und wertvollen Fischen hinnehmen. Als recht wirksames Gegenmittel hat sich das Tetrahydrofuran (Furanace-P, AquaFuran, Furamor u. a.) bewährt.

Fischtuberculose

Die Fischtuberculose, *Mycobacterium* spp., wird von verschiedenen Bakterienarten verursacht. Sie wird durch schlechte Milieubedingungen im Aquarium gefördert. Die Fischtuberculose (Tbc) kann sich unterschiedlich äußern und ist äußerlich nicht immer eindeutig bestimmbar. Bauchwassersucht, Löcher im Körpergewebe, Schuppensträube und Glotzaugen sind typische Merkmale der Krankheit bei Labyrinthfischen. Diese bei vielen Kletterfischen häufige Krankheit tritt bei den *Colisa*-Arten häufig, bei den *Trichogaster*-Arten hingegen nur selten auf. Die Erkrankung kann derzeit nicht geheilt werden. Befallene Fische müssen isoliert oder besser abgetötet werden.

Ein an Bauchwassersucht erkrankter Pfirsichgurami, Colisa labiosa. *Fische dieser Zuchtform erkranken besonders häufig an Fisch-Tbc.*

Verpilzungen

Offene Wunden der Guramis können leicht von parasitischen Algen, die von den Aquarianer meist „Verpilzung" (*Saprolegnia*) bezeichnet werden, infiziert werden. Kochsalz (ca. 20 g NaCl/l zu 15 min) oder besser Ektozon sowie des Silberkolloid Fungi-Stop, ins Haltungsaquarium verabreicht, schaffen in den Anfangsstadien Abhilfe.

Weißpünktchenkrankheit

Selbst in Aquarien, in denen über lange Zeiträume kein neuer Fisch eingesetzt wurde, kann es, beispielsweise nach einem Wasserwechsel, zum Ausbruch der Weißpünktchenkrankheit, *Ichthyophthirius multifiliis*, kommen.

Die Erreger dieser Krankheit setzen sich in der Haut der Fische fest und bilden dort etwa 1 mm große weiße Kapseln, die mit dem bloßen Auge gut erkannt werden können. Nach einigen Tagen werden aus den in der Haut der Fische verkapselten Parasiten Schwärmer frei, die im freien Wasser schwimmen und sich schließlich erneut auf der Haut und den Kiemen der Fische ansiedeln, dort neue Kapseln bilden und den Fisch letztendlich so stark schwächen, daß er stirbt.

Zwischen dem Ausbruch der Krankheit und dem Tod der Fische vergehen aber immer mehrere Tage, deswegen kann der Krankheit durch eine regelmäßige Beobachtung, und bei Ausbruch sofortiger Behandlung, vorgebeugt werden. Ist es zur Infektion gekommen, dann besteht zunächst kein Grund zur Besorgnis. Der Fachhandel bietet ausreichend geeignete Medikamente an, von denen immer eines für Notfälle vorrätig gehalten werden muß.

Außerdem gibt es ein Medizinalfutter, welches die Guramis und Fadenfische resistent gegen die Neuinfektion durch die Schwärmer macht. Es muß zwar zunächst mehrere Wochen lang verfüttert werden, wirkt danach aber dauerhaft gut.

Samtkrankheit

Insbesondere junge Guramis sind gegen die Samtkrankheit, *Oodinium pillularis*, empfindlich. Diese Krankheit ist etwas schwieriger als *Ichthyophthirius* zu erkennen, denn die Erreger sitzen als kleine, deutlich unter 1 mm große (also viel kleiner als bei der Weißpünktchenkrankheit) Pünktchen auf der Haut. Befallene Guramis schaukeln, scheuern sich an Gegenständen, klemmen die Flossen und fressen schlecht. Unbehandelt führt die Krankheit zum Tode. Der Fachhandel hat auch hier gut wirkende Medikamente. Außerdem wirkt gelegentlich – zumindest vorübergehend – eine Salzzugabe zum Aquarienwasser hemmend auf die weitere Ausbreitung. Zehn Gramm Salz pro Liter Aquarienwasser (ein gut gehäufter Teelöffel) muß es allerdings schon sein. Nach Abklingen der Krankheit muß dann möglichst bald ein größerer Wasserwechsel durchgeführt werden, sonst leiden die Pflanzen.

Ichthyophthirius und *Oodinium* sind Ektroparasiten. Die Schwärmer dieser Wimpertierchen können mit Methylblau oder Malachitgrün (-Oxalat) (Cu-Komplexe) zum Absterben gebracht werden. Bei frühzeitiger Behandlung besteht für die Fische keine Gefahr. Schokoladenguramis reagieren auf Kupfer-Verbindungen im Wasser mit deutlichem Unwohlsein (Flossenklemmen). Lediglich bei Mischinfektionen oder bei geschwächten Fischen (Transport, Brutpflege) besteht eine Gefahr für die Fische.

*Dieser Knurren-
de Gurami, Tri-
chopsis vittata,
ein Wildfang,
ist offensicht-
lich von Innen-
parasiten, wie
beispielsweise
Nematoden,
befallen, was
an seinem
mageren Hin-
terleib deutlich
wird.*

Columnaris

Diese durch Bakterien ausgelöste Krankheit äußert sich in weißen Maulpartien
und Flossenstellen. In einem späteren
Stadium zeigt sich auf den befallenen
Stellen ein baumwollartiger Flaum. Die
Flossen fransen dabei regelmäßig aus.
Columnaris ist eine Krankheit, die nur
im Frühstadium erfolgreich bekämpft werden kann – und zwar durch sofortige Ver-
besserung der Haltungsbedingungen. Es
ist ein typischer Schwächeparasit, der
also lediglich vorgeschädigte, gestreßte
oder geschwächte Fadenfische befällt.
Eine *Columnaris*-Erkrankung kann
unter Umständen einen ganzen Aquari-
enbestand gefährden. Deswegen ist
beim Erwerb von neuen Guramis darauf
zu achten, daß die Fische gesund sind.
Weiße Maulspitzen bei Guramis müssen
– selbst wenn die Fische noch so schön
erscheinen – vor einem Ankauf warnen.

Zumindest müssen die Neuankömm-
linge dann über mehrere Wochen in
einem separaten Aquarium (s. Quarantäne, S. 38) gepflegt werden. Dort müssen optimale Bedingungen herrschen,
das heißt auch diese Aquarien müssen
bepflanzt und gut gefiltert und beheizt
sein.

Fräskopfwürmer und Nematoden

Gelegentlich hängen bei abgemagerten
Fischen bei genauem Hinsehen rötliche
Würmer aus dem After, die wie unver-
daute *Tubifex* aussehen. Dabei handelt
es sich jedoch um Fräskopfwürmer. Befallene Bestände müssen sofort unter
bestmögliche Quarantäne gestellt werden (eigene Netze, Hilfsmittel), damit
keine Fische in weiteren Aquarien infiziert werden. Gelegentlich zeigen mit
Darmwürmern befallene Fische auch
einen schleimigen, weißlichen Kot. Die

41

Behandlung ist schwierig und sollte mit Concurat® oder Levamisol® stattfinden. Beide Arzneimittel sind von Veterinärmedizinern oder entsprechenden Apotheken zu beziehen. Die Mittel sind den Guramis zusammen mit dem normalen Futter zu verabreichen, als besonders günstig hat es sich erwiesen, wenn Lebendfutter (z. B. Rote Mückenlarven) damit bestäubt wurde.

Erbschäden
Gelegentlich treten in einer Nachzucht besonders viele Fische mit einem bestimmten Körperschaden auf, etwa einer verkrümmten Wirbelsäule oder fehlenden oder verkümmerten Flossen. Ursache dieser Erscheinung ist manchmal Inzucht. Hier müssen dann blutsfremde Fische der gleichen Art eingekreuzt werden und die geschädigten Guramis, möglichst auch deren Elterntiere, sind aus der Zucht zu entfernen. Eine medikamentöse Behandlung ist nicht möglich.
Oft werden Mißbildungen als genetische Schäden fehlgedeutet, aber es handelt sich meist um Aufzucht- und Haltungsfehler, die bei der Weiterzucht unter guten Bedingungen nicht wieder auftreten.

Hilfsmittel
Leider konnten hier nur einige Beispiele für besonders häufig auftretende Krankheiten erwähnt werden. Ernsthafte Aquarianer beschaffen sich eine Stereolupe, mit deren Hilfe viele Krankheiten der Fische viel leichter diagnostizierbar sind. Ist auch damit eine Krankheit nicht sofort zu identifizieren, dann gibt es mehrere Möglichkeiten. Zuerst sollte der normalerweise aufgesuchte Zoofachhändler befragt werden. Kann er nicht weiterhelfen, so gibt es auf dem Markt zahlreiche Bücher, die sich ausschließlich mit Fischkrankheiten beschäftigen und auch viel mehr Methoden zu ihrer Erkennung beschreiben. Hilft auch das nicht, so gibt es einige Spezialisten, die Krankheiten gegen eine relativ geringe Gebühr sehr sicher feststellen. Adressen dieser Spezialisten sind den einschlägigen Fachzeitschriften zu entnehmen, meist helfen auch die örtlichen Vereine weiter.
Den meisten Fischkrankheiten kann, wie erwähnt, durch optimale Haltungsbedingungen vorgebeugt werden. Neuerworbene Guramis sind allerdings besonders gründlich zu beobachten und erst einige Zeit in einem kleinen, aber gut ausgestatteten Quarantäneaquarium zu halten. Dies gilt vor allem in größeren Aquarienanlagen. Die meisten Guramizüchter kommen nicht ohne das gelegentliche Einkreuzen neuer Fische aus. Dabei ist auf jeden Fall eine gewisse Vorsicht anzuraten. Derjenige, der den Fisch abgibt, muß ja zu diesem Zeitpunkt die Krankheit noch nicht einmal bemerkt haben.

Weitere mögliche Erkrankungen spielen bei den Guramis und Fadenfischen keine entscheidende Rolle, auf ihre Aufzählung kann hier verzichtet werden, Gegebenenfalls muß die Spezialliteratur zu Rate gezogen werden.

Das Futter

Der Zoofachhandel bietet zahlreiche Futtersorten an. Neben den wichtigen Flocken-, Granulat- und Tablettenfuttersorten sind außerdem zahlreiche Gefrierfutterarten erhältlich. Der Aquarianer muß selbst herausfinden, welche Sorten seine Fische mögen und trotzdem auch solche Futterarten anbieten, die von den Fischen eventuell weniger gern verzehrt werden, um für die notwendige Abwechslung zu sorgen.

Fast alle Guramis und Fadenfische sind Fleischfresser. Dennoch enthalten viele Nährtiere ihrerseits pflanzliche Bestandteile und es kann unter Aquarienbedingungen sinnvoll sein, zusätzlich pflanzliche Nahrung anzubieten.

Flockenfutter pflanzlichen Ursprungs ist im Handel erhältlich. Zusätzlich kann mit weiteren Sorten experimentiert werden, hier seien überbrühter Salat, Spinat, gelber oder roter Paprika, Gurken, sowie junge Erbsen als mögliche Beispiele genannt. Diese können in frischem Zustand angeboten werden, in den meisten Fällen bietet es sich jedoch an, dieses Futter kurz zu kochen, damit es weicher wird. Durch eine abwechslungsreiche Ernährung mit den notwendigen Anteilen pflanzlichen Ursprungs kann die Wasserpflanzenpracht geschont werden.

Beim Tümpeltierfang werden gelegentlich auch freischwebende Algen mitgekeschert, die ebenfalls ein sehr gutes Fischfutter sind. Fädige und watteartige Algen sind aber zu hart und werden von den meisten Guramis nicht gefressen. Mit den Algen aus der Natur wird gewöhnlich keine „Algenpest“ ins Heimaquarium geschleppt, weil sich diese Algen im Aquarium nicht vermehren. Bei den Aquarienalgen handelt es sich um eingeschleppte tropische oder subtropische Formen. Auch diese Algen können – so unschön sie auf den Betrachter wirken – eine große Rolle bei der Fischernährung und für das ökologische Gleichgewicht des Aquariums spielen. Deshalb sollten Algen in den Zuchtanlagen nicht bekämpft werden – für das schöne Wohnzimmeraquarium gilt das selbstverständlich nicht.

Eine gute Pflege der Fadenfische und Guramis ist erreicht, wenn die Fische auch im Gesellschaftsaquarium ablaichen. Bei vielen von ihnen ist es sogar möglich, daß Jungfische im sinnvoll besetzten Haltungsaquarium heranwachsen können, weil sie ja bei den meisten Arten, außer beim Küssenden Gurami, in ihren ersten Lebenstagen von den Eltern oder nur dem Vater beschützt und verteidigt werden.

Die hochwertigen Flocken- und Tablettenfuttersorten sind gut für Guramis und Fadenfische geeignet.

Libellenlarven, hier Coenagrion puella, *können den Jungfischbestand im Aquarium innerhalb kurzer Zeit völlig dezimieren.*

Lebende Schwarze Mückenlarven, Culex pipiens, *sind ein hervorragendes Futter für alle Guramis.*

Selbstverständlich müssen Guramis entsprechend ihrer Körpergröße angepaßt ernährt werden. Nicht nur Anfängern ist es bereits passiert, daß sich aus Tümpelfutter, das eigentlich die Fische ernähren sollte, Käfer- oder Libellenlarven in der Körpergröße so weit entwickelten, daß sie begannen, den Fischbestand im Aquarium zu dezimieren. Wer also in der Natur lebendes Futter fängt, was sehr zu empfehlen ist, der sollte dieses vor der Verfütterung unbedingt sieben, vor allem dann, wenn relativ kleine Fische, wie beispielsweise junge Fadenfische, gepflegt werden. Das Sieben des Futters ist nicht nur deshalb sinnvoll, um das Futter in angepaßte Größen zu sortieren, es dient auch dem Aussortieren geschützter Arten. Denn selbst an solchen Orten, an denen der Lebendfutterfang erlaubt ist, können geschützte Arten, beispielsweise Amphibien- oder Libellenlarven, ins Netz gehen und diese sollten nach Möglichkeit vor Ort aussortiert und zurückgesetzt, mindestens aber beim nächsten Lebendfutterfang an den gleichen Ort zurückgebracht werden!

Im Frühjahr entwickeln sich vor allem in Restwasserpfützen Stechmücken- oder Schwarze Mückenlarven. Diese sind leicht zu keschern, wobei ein Sieben meist nicht nötig ist, da in den oft sauerstoffarmen Pfützen der Schwarzen Mückenlarven nur selten gefährdete Arten überleben können. Allerdings sollten nur so viele schwarze Larven gereicht werden, wie innerhalb kurzer Zeit von den Fischen verzehrt werden, denn

sonst könnte es dazu kommen, daß die Mücken im Aquarium schlüpfen, mit sehr unangenehmen Folgen...
Schwarze Mückenlarven sind Planktonfilterer und deshalb selbst für kleinste Fische völlig ungefährlich.

Das ganze Jahr über entwickeln sich Weiße Mückenlarven, auch Glasstäbchen genannt, in unterschiedlichen stehenden Gewässern mit besserer Wasserqualität. Sogar im Winter leben sie unter dem Eis von Teichen und sind dort – nach dem Aufhacken –, neben *Cyclops*, mit einiger Geduld leicht zu fangen. Weiße Mückenlarven sind – im

Gegensatz zu den fertig entwickelten Mücken, die sich von Pflanzensäften ernähren – Räuber, die auch vor Fischlarven und Jungfischen passender Größen nicht Halt machen. Deshalb dürfen lebende Glasstäbchen nicht in Zuchtaquarien verfüttert werden.

Natürlich bedarf es einiger Erfahrung und des Besuchs vieler Gewässer, gute Fanggewässer und die richtigen Fangzeiten herauszufinden. Ein völlig unergiebiger Tümpel kann schon wenige Wochen später ergiebig sein und umgekehrt. Außerdem gibt es bestimmte Perioden der Entwicklung der Fischnährtiere, vor allem mit Maxima im Frühjahr und im Herbst, doch sollte der Futterfangende Aquarianer nicht erwarten, daß sich einmal herausgefundene Periodiken in jedem Jahr gleichartig wiederholen. Aus Fischteichen dürfen keine Futtertiere entnommen werden, weil es hier rechtliche Probleme geben kann und weil außerdem das Risiko der Übertragung von Fischkrankheiten sehr groß ist.

Eine weitere Mückenlarvengruppe, die Rote Mückenlarve, entwickelt sich im Bodenschlamm der Gewässer und ist

deshalb nur schwer zu erbeuten. Darum sind Rote Larven meist nur als Beifänge mit geringem Anteil im Lebendfutter enthalten. Rote Mückenlarven werden im gefrorenen Zustand in Tafeln importiert und sind ein sehr gutes Fischfutter. Allerdings überleben Rote Mückenlarven, oft auch Chironomiden genannt, selbst in stark verschmutzten Gewässern. Ja hier sind sie sogar besonders zahlreich, weil sich in verschmutztem Wasser viele nahrhafte Mikroorganismen entwickeln und außerdem nur wenige Konkurrenten und Räuber vorhanden sind. Aus diesem Grunde dürfen Rote Mückenlarven nur verfüttert werden, wenn ihre Herkunft aus saube-

ren Gewässern bekannt ist oder von glaubhaften Gewährsleuten bezogen wird. Trotz dieses Nachteils sind gefrorene Rote Mückenlarven eine der wichtigsten Futtersorten in der Aquaristik, auf die nicht zu verzichten ist. Rote Mückenlarven werden auch gefriergetrocknet angeboten. Auch in diesem Zustand haben sie noch einen hohen

Auch Weiße Mückenlarven, Chaoborus chrystallinus, *sind sehr gut als Guramifutter geeignet.*

Rote Mückenlarven, Chironomus thummi, *sind ein preisgünstiges Gefrierfutter. Als Lebendfutter sind sie schwer zu erbeuten.*

Nährwert und können bedenkenlos verfüttert werden.

In jüngerer Zeit wurden wiederholt und mit zunehmender Häufigkeit Fischfutterallergien unter Aquarianern bekannt, wobei speziell Rote Mückenlarven als Hauptverursacher erkannt wurden. Hier hilft nur die völlige Meidung dieser Futterart, da immer Spritzer oder Staub an die Haut oder gar in die Lunge oder ins Auge gelangen können und dann äußerst gefährlich sind. Es gibt ja genügend andere Futtersorten.

Schlammröhrenwürmer oder *Tubifex* sind ein ebenfalls häufig angebotenes Fischfutter, das auch oft lebend im Zoofachhandel erworben werden kann. *Tubifex* gibt es zudem ebenfalls gefriergetrocknet in Würfelform im Handel, aber dieses Futter wird nicht von allen Fadenfischen gern angenommen. Weil auch *Tubifex* im Bodenschlamm belasteter Gewässer leben, gilt für sie das Gleiche, wie bei den Roten Mückenlarven dargestellt. Lebende *Tubifex* können unter fließendem Wasser gehalten werden, wodurch sich der Schadstoffanteil in ihnen verdünnt. Allerdings nimmt mit fortschreitender Dauer der Haltung auch der Nährwert der Würmer stark ab.

Auch bei *Tubifex*-Verfütterung wurden Allergien bei Aquarianern bekannt. Da *Tubifex* und Rote Mückenlarven einen einander sehr ähnlichen roten Blutfarbstoff gemeinsam haben, welcher dem Hämoglobin unseres menschlichen Bluts sehr ähnlich ist, liegt hierin vielleicht die Ursache für die Allergieauslösung begründet. Den roten Blutfarbstoff entwickelten beide Organismengruppen, um in sehr sauerstoffarmen Gewässern überleben zu können. Es handelt sich also um eine ökologische parallele Anpassung, obwohl die Formen nicht miteinander verwandt sind.

Ein weiteres gutes Wurmfutter sind Regenwürmer. Sie können in Angelgeschäften erworben oder im Garten selbst gesammelt werden. Dieses Futter ist naturgemäß nur für größere Fische geeignet.

Enchyträen und Essigälchen sind weitere gute Wurmfuttersorten, die leicht gezüchtet werden können und im Handel erhältlich sind.

Unter den Krebsartigen gibt es zahlreiche weitere gute Futtersorten. Wasserflöhe oder Daphnien sind in allen Arten und Größen ein gutes ballastreiches Futter. Hüpferlinge sind ebenfalls gut geeignet, doch gibt es Arten, die den Fischlarven und Jungfischen gefährlich werden können, da sie diese annagen. Einige Hüpferlinge besitzen zudem Stacheln am Panzer und könnten den Jungen im Maul stecken bleiben. Trotzdem sind die winzigen Larvenformen der Hüpferlinge eine der wichtigsten Jungfischfuttersorten.

Wasserasseln und Bachflohkrebse sind gute Futtersorten für größere Fische, doch besteht bei den Bachflohkrebsen das Risiko der Krankheitsübertragung in Form von Parasiten, die in bestimmten Stadien in den Krebsen, in anderen in den Fischen schmarotzen. Wasserasseln leben außerdem oft in stark verschmutzten Gewässern, für sie gilt des-

Kleinanzeigen in Aquarienzeitschriften aufzutreiben. Glücklicherweise lassen sich Rädertierchenkulturen in Gläsern leicht erhalten und weitervermehren. Pantoffeltierchen und andere Mikroorganismen können im Heuaufguß selbst gezüchtet werden, sie sind als Erstfutter für Jungfische sehr wichtig. Im Zoofachhandel gibt es Starter für den Heuaufguß, so daß reinere Kulturen gezogen werden können. In die Kultur wird zur Fütterung ein Tropfen (wirklich nur einer!) Kondensmilch gegeben. Erst wenn das Wasser wieder völlig klar geworden ist wird ein neuer Tropfen verfüttert. Zur Fütterung an die Jungfische wird das Wasser aus dem Zuchtglas einfach zur Hälfte in das Aufzuchtaqua-

Wasserasseln, Asellus aquaticus (oben), sind als Futter für erwachsene Fadenfische geeignet. Diese und Schlammschnecken (unten) halten auch das Wasser sauber.

halb das bereits bei den Roten Mückenlarven und *Tubifex* erwähnte, sofern sie aus belastetem Wasser stammen. Salinenkrebse oder Artemien können aus Dauereiern unter Salzzugabe leicht ausgebrütet werden und sind ein exzellentes Jungfischfutter für etwas größere Jungfische. Artemien können auch großgezogen und mit gewissem Aufwand sogar gezüchtet werden. *Artemia*-Dauereier sind im Fachhandel erhältlich, dort sind auch genaue Zuchtanleitungen zu erfahren.
Als Jungfischfutter sind noch Rädertierchen zu nennen, die winzig, sauber und ungefährlich sind und zudem aus Dauereiern in reinem Süßwasser ausgebrütet werden können. Leider sind sie nur schwer zu erhalten. Der Zoofachhandel führt sie meist nicht, eher sind Rädertiercheneier über

Viele weitere Krebsartige des Süßwassers, wie dieser Eubranchipus grubei, sind hervorragende Fischfuttersorten; aber bei vielen von ihnen handelt es sich um geschützte Arten.

rium geschüttet und anschließend das Wasser im Pantoffeltierzuchtglas wieder aufgefüllt und gegebenenfalls ein Tropfen Kondensmilch verfüttert.

In diesem dicht bepflanzten Aquarium stört es die Guramis sicher nicht, daß auch Südamerikanische Pflanzen vom Aquarianer verwendet wurden. Klein bleibende Wasserkelche eignen sich gut für die Vordergrundbepflanzung. Amazonasschwertpflanzen passen gut in die Mitte des Aquariums. Das Javamoos hat das Moorkienholz bereits völlig überwachsen und bietet kleinen Fischen viel Schutz. Der Wassernabel am linken Rand wächst girlandenartig und lenkt den Blick ins Aquarium zurück.
Foto: Aqualife

Die Bepflanzung

Direkt nach dem ersten Einlassen des Wassers ins Aquarium, das jedoch zunächst nur zur Hälfte gefüllt wird, kann die Bepflanzung beginnen. Die Wasserpflanzen werden sinnvollerweise in Gruppen gleicher Art gepflanzt, weil diese so am besten wirken.

> **Tip:** **Große Einzelpflanzen, die sogenannten Solitärpflanzen, werden an auffälligen Stellen plaziert, aber keinesfalls ausgerechnet genau in der Mitte, weil dies zu künstlich wirken würde.**

Zur´ Verwendung von Wasserpflanzen und zur Auswahl – möglichst südostasiatischer Arten – gibt es zahlreiche eigene Literatur, so daß hier nur kurz darauf eingegangen werden muß.

Die ausgewählten Pflanzen müssen in ihrer späteren Wuchsgröße der Aquariengröße angemessen sein. Es sieht sehr unschön aus, wenn sich beispielsweise ein riesiges Speerblatt in einem kleinen Glaskasten eingesperrt findet oder eine Seerose ihre Blätter nicht entfalten kann.

„Gute" Guramiaquariumpflanzen

Es gibt keine ausgesprochenen Pflanzenfresser unter den Guramis und Fadenfischen. Trotzdem vergreifen sich einzelne Allesfresser an der Vegetation. Deshalb sollen diese hier kurz erwähnt werden, damit die Bepflanzung der Aquarien der Pflege dieser Arten angepaßt werden kann.

Zunächst wäre der Riesengurami, *Osphronemus gorami*, zu nennen, der

Riesenguramis, Osphronemus gorami, sind Allesfresser und können deshalb nicht im bepflanzten Aquarium gepflegt werden.

wirklich nahezu alles frißt, der aber wegen seiner Größe ja kaum für ein Heimaquarium infrage kommt. Die Küssenden Guramis, *Helostoma temminckii*, verzehren als Filtrierer nur feine schwebende Algen, aber sie weiden mit ihren breiten „Kußmäulern" auch die Substrate ab und dabei können schon einmal sehr feine und empfindliche Pflanzen „ungewollt" beschädigt werden. Honigguramis fressen manchmal alte und weiche Pflanzenteile, aber da es sich hierbei immer um bereits faulendes Material handelt, richten sie damit keinerlei Schaden an. Nicht zuletzt müssen hier die Zwergfadenfische und die Mondscheinguramis (und auch die Riesenguramis) genannt werden, die feine Pflanzen als Baumaterial für ihre Nester verwenden und damit durchaus etwas Unordnung im Aquarium schaffen können, weil sie manchmal auch Teile von gesunden Pflanzen abrupfen. Aber die meisten Aquarianer werden es den kleinen Baumeistern herzlich gönnen, denn es ist schön zu beobachten, wie die Fische ihre kombinierten Pflanzen-/Schaumnester errichten.

Trotz dieser kleinen Einschränkungen ist in den Vorstellungen der Aquarianer das „typische" Guramiaquarium ein dicht bepflanztes grünes Aquarium. Ob es sich dabei um eine einfache Pflanzensammlung, ein Holländisches Pflanzenaquarium oder um eines der neuen Japanischen Naturaquarien handelt, ist völlig dem Geschmack und den Fähigkeiten des Aquarianers überlassen. In jedem Falle macht es mehr Freude, diese Fische in einem schön eingerichteten Aquarium als in einem kahlen Glaskasten zu pflegen.

Prinzipiell sind für das geplante Fadenfisch- oder Guramiaquarium fast alle Wasserpflanzenarten geeignet.

Für das sogenannte Biotopaquarium kommen naturgemäß nur Pflanzen aus Südasien infrage. Am besten wird es sich bei den Pflanzen für die Guramipflege um Weichwasser- oder ökologisch tolerante Arten handeln. Aber nicht alle Fadenfische müssen in extrem weichem Wasser gehalten werden und entsprechend der Gesellschaft kann sich – je nach Wassertyp – eine fast beliebige Pflanzengesellschaft ausrichten.

Die meisten sogenannten Biotopaquarien müßten in vielen Fällen besser Regionalaquarien genannt werden, weil ja oft Organismen aus einem bestimmten geographischen Raum zusammengebracht werden, die trotzdem nicht im gleichen Habitat vorkommen. Echte Biotope können unter Aquarienbedingungen kaum nachempfunden werden, vor allem wenn es sich um Schwarzwasser handelt. Ein Guramiaquarium mit feinem weißen Sand oder gar Schlamm als Bodengrund, viel Moorkienholz und viel ins Wasser gefallenem Laub der Bäume ist zumindest als Wohnzimmeraquarium kaum vorstellbar. In Zuchträumen sind solche Schwarzwasseraquarien jedoch richtig aufgehoben.

Für das Guramigesellschaftsaquarium, wobei „Gesellschaft" auch im Sinne der Wasser- und Sumpfpflanzen gemeint ist, eignen sich fast alle Arten. Dadurch könnte manchem Wasserpflanzenspezialisten hier die eine oder andere – ihm wichtig erscheinende – Art fehlen. In dieser Buchreihe ist zudem ein eigenes Aquarienpflanzenbuch enthalten.

Südostasiatische Pflanzen

Zunächst müssen bevorzugt einige wichtige südostasiatische Arten erwähnt werden. Hier sind vor allem die Gattungen Schwimmfarne *Ceratopteris* spp., Wasserkelche *Cryptocoryne* spp., Wasserfreunde *Hygrophila* spp., Javafarn *Microsorum pteropus* und Seerosen *Nymphaea* spp. zu nennen. Die Arten dieser Gattungen passen sehr gut in Regionalaquarien für Guramis und stellen sehr ähnliche Anforderungen an die Wasserqualität. Sie sind deshalb hervorragend für Gesellschaftsaquarien geeignet.

Javamoos

Von den zahlreichen für das Guramiaquarium geeigneten Asiatischen Pflanzen muß zu allererst das Javamoos, *Vesicularia dubyana*, genannt werden.

Javamoos, Vesicularia dubyana, ist als Ablaichpflanze in der Aquaristik sehr wichtig. Zudem ist sie als Bewuchs der Dekoration gut geeignet.

Denn vor allem das Javamoos, *Vesicularia dubyana*, gehört zu den nahezu unverzichtbaren Arten, da es als Laichpflanze schlechthin dient. Das Javamoos ist relativ anspruchslos, es ist mit nahezu allen Wasserqualitäten zufrieden und benötigt nur wenig Licht. Zuviel Mulm im Aquarium, der sich auf den zarten Blättchen ablagert, oder das Veralgen der Triebe verträgt das Javamoos hingegen nicht.

Im normalen Haltungsaquarium halten Schnecken das Javamoos sauber, in Zuchtaquarien haben Schnecken allerdings nichts zu suchen, weil die Schnecken den Laich der Fische gefährden würden, denn die meisten Schneckenarten haben den Laich zum Fressen gern. Das Javamoos wird für viele Arten als Laichsubstrat benötigt, dies trifft aber gerade auf die Fadenfische nicht zu. Zwergfadenfische, *Colisa lalia*, und Mondscheinguramis, *Trichogaster microlepis*, bauen aber einzelne Fäden des Javamooses sehr gerne in ihre Nester ein und in die dichten Moospolster ziehen sich verfolgte Fische sehr gerne zurück.

Nicht zuletzt fördert das Moos die Entwicklung von Jungfischen, denn oft kommen in den Moospostern ohne Zutun des Aquarianers sogar im vernünftig besetzten Gesellschaftsaquarium Jungfische auf.

Das Moos kann frei im Aquarium fluten oder auf Dekorationsgegenständen befestigt werden. Es stellt keine Ansprüche an die Wasserqualität und verträgt selbst schwächste Beleuchtungen. Ja im Gegenteil, zu viel Licht schadet dem Moos, weil dann allzuleicht Algen das Moos überwuchern. Dies ist eigentlich das einzige Problem, das mit dem Javamoos auftreten kann. Wenn sich zuviel Mulm zwischen den Mooshalmen ansammelt, dann kann das Moospolster einfach unter fließendem lauwarmem Wasser ausgewaschen werden. Danach sieht es zunächst sehr unschön aus, aber schnell wachsen frische Moosfäden heran.

Als Dekorationselement und als Aufzuchthilfe für die Jungfische ist das Javamoos in kaum einem Kletterfischaquarium verzichtbar.

Flutendes Teichlebermoos

Das Flutende Teichlebermoos, *Riccia fluitans*, übernimmt eine ähnliche Funktion als Schwimmpflanze an der Wasseroberfläche. Dieses Moos veralgt aber noch leichter und kann deshalb nur in mäßig beleuchteten Aquarien überdauern. Auch die Konkurrenz mit Wasserlinsen, Gattung *Lemna*, verträgt das Teichlebermoos auf Dauer nicht.

Vor allem der Sumatrafarn, *Cera-topteris thalictroides*, hat sich außerdem als starker Stickstoff-zehrer in meinen Aquarien als „lebender Filter" sehr bewährt. Außerdem lieben die Guramis schattige Bereiche im Aquarium, die von den Schwimmfarnen her-vorgerufen werden.

Der Farn kann auch am Boden ver-ankert werden, denn er wächst auch unter Wasser gut. An den großen Wedeln bilden sich kleine Kindel, so daß die Vermehrung des Farns kein Problem darstellt. Damit sich der Farn gut entwickeln kann, müssen mindestens zehn Zenti-meter Raum zwischen der Wasser-oberfläche und der Deckscheibe frei und mit temperierter Luft gefüllt sein. Dies kommt aber ja auch den Ansprüchen der Guramis entgegen.

Schwimmfarn und Sumatrafarn

Nahezu ebenso wichtig wie die Moose sind die Schwimmfarne der Gattung *Ceratopteris*. Sie dienen wie das Moos dem Schutz der Jungfische, sind aber auch als Stützelemente für die Nester der Schaumnestbauer sehr wichtig.

Salvinia

Der Schwimmfarn, *Salvinia auricula-ta*, ist ebenfalls gut geeignet, er verdrängt die unerwünschten Wasserlinsen und ist bei zu starkem Wachstum besser zu entnehmen, da die Schwimmblätter des Farns girlandenartig wachsen, also anein-ander hängen.

Der Schwimmfarn besitzt allerdings sym-biontische Blaualgen im Farnwedelin-neren, die unter bestimmten Bedingun-gen, die noch nicht genau bekannt sind, aus den Wedeln entweichen und die Wasseroberfläche überwuchern. Wie der Sumatrafarn braucht auch *Salvinia* einen Freiraum zwischen Wasserober-

Das Flutende Teichleber-moos, Riccia fluitans, *ist eine Schwimm-pflanze.*

53

fläche und Deckscheibe; hier genügen jedoch 7 cm. Spritz- und Tropfwasser sowie eine zu starke Wasserbewegung – zumindest an der Oberfläche – verträgt *Salvinia* ebenfalls nicht.

Javafarn

Der Javafarn, *Microsorum pteropus*, wächst unter der Oberfläche. Er ist langsamwüchsiger als die zuvor genannten Farne, kommt aber dafür mit geringsten Lichtmengen aus und ist sehr gut als Bewuchs auf Dekorationselementen wie Steinen und Moorkienholz geeignet.

Wasserfreunde

Auch die verschiedenen Wasserfreundarten der Gattung *Hygrophila* haben sich für die Guramiaquarien sehr bewährt. Bei entsprechender Düngung, CO_2-Versorgung und Beleuchtung sind sie sehr wuchsfreudig und somit auch zur Wasserreinhaltung und zum „einfahren" von Aquarien wichtig.

Wasserkelche

Es hat sich in der Praxis gezeigt, daß in Aquarien mit Wasserkelchen ein gewisser Mulmanteil auf dem Bodengrund das Wachstum der Pflanzen fördert. Wenn sich allerdings zuviel Mulm ansammelt, dann sterben die Pflanzen ab und es kommt zur gefürchteten Cryptocorynenkrankheit. Deshalb ist es wichtig, daß der Mulmanteil ein gewisses Maß nicht überschreitet. Es ist also nicht einfach, das richtige Gleichgewicht zu wahren, was viel Fingerspitzengefühl erfordert. Trotz Mulm brauchen auch Was-

serkelche regelmäßige Wasserwechsel! Wasserkelche sind für die Fische von untergeordneter Bedeutung, weil sie nur langsam wachsen und deshalb dem Wasser kaum Schadstoffe zu entziehen vermögen. Als schöne und dekorative Pflanzen sind sie für die Aquarianer um so wichtiger. Es gibt Cryptocorynen mit unterschiedlichsten Ansprüchen. Für das neu eingerichtete Guramiaquarium und für Zuchtbehälter ist lediglich *Cryptocoryne beckettii* vorbehaltlos zu empfehlen, für Schauaquarien eignen sich zahlreiche weitere Wasserkelcharten. Sie lassen sich auch gut in Pflanztöpfen unterbringen und so in den Zuchtaquarien leichter umquartieren.

Wenn die Wasserkelche zeitweise über die Wasseroberfläche hinauswachsen können, dann kommt dies ihren Ansprüchen entgegen, dann sind eventuell sogar einmal ihre ungewöhnlichen Blüten zu sehen. Da die Cryptocorynenfäule den Pflanzenbestand arg dezimieren kann, sei das Mittel Redoxin empfohlen, das eigentlich für den Einsatz gegen Blau- und Bartalgen entwickelt wurde; es eignet sich sehr gut zur Bekämpfung dieser Fäulnis. Dabei genügen wenige ml pro 100 l Wasser. Die bei der Anwendung auftretende Grünfärbung des Wassers verschwindet nach einigen Tagen von selbst.

Seerosen

Nicht zuletzt müssen hier Schwimmblattpflanzen, insbesondere See- und Teichrosen genannt werden. Für das Guramiaquarium stellt *Nymphaea lotus*

Das Sitzende Papageienblatt, Alternanthera sessilis, *ist weltweit verbreitet und scheint deshalb für das Guramiaquarium gut geeignet zu sein. Allerdings benötigen Papageienblätter sehr viel Licht und eine gute Düngung um richtig zu gedeihen. In der Natur wurde das Papageienblatt auch in Reisfeldern und Gräben gefunden und daher paßt die Art auch ins Fadenfischbiotopaquarium.*

Das Zwerg-speerblatt, Anubias barteri *var.* nana, *wächst gut auf Dekorations-gegenständen mit grober Oberfläche.*

die geeignetste Art dar. Sie braucht einen nährstofffreien Bodengrund, kann gegebenenfalls im Topf eingepflanzt werden, CO_2-Düngung und viel Licht. Ihre Unterwasserblätter sind als Dekorationselement im Aquarium wichtig, die Schwimmblätter unterstützen den Schaumnestbau der Guramis.

Afrikanische Pflanzen

Es gibt nur wenige gut geeignete afrikanische Wasser- und Sumpfpflanzen für die Aquaristik. Zwar gibt es in Afrika keine Guramis, weil aber ihre nahen Verwandten, die Buschfische und die Kapbuschfische von dort stammen, sollen zwei aquaristisch relevante Gattungen hier Erwähnung finden.

Speerblatt

Obwohl es sich hier um afrikanischen Wasserpflanzen handelt, wollen sicher viele Guramipfleger auf diese attraktiven, robusten und mit sehr wenig Licht auskommenden Pflanzen nicht verzichten. Die häufigste und verbreitetste Speerblattart ist *Anubias barteri* mit ihren zahlreichen Varianten. Das Zwergspeerblatt, *Anubias barteri* var. *nana*, kann, obwohl es eine Sumpfpflanze ist, dauerhaft unter Wasser gepflegt werden, benötigt wenig Licht und verträgt auch sehr saures Wasser. Es ist deshalb auch als Vordergrundpflanze ideal. Allerdings braucht diese Pflanze eine lange Zeit zur Akklimatisation an die speziellen Bedingungen des jeweiligen Aquariums; sie wächst langsam und veralgt bei zu starker Beleuchtung deshalb leicht.

Vor allem die als Pinselalgen bekannten und gefürchteten Süßwasserrotalgen sind regelrechte Feinde der *Anubias*, weil die Algen die Blätter durchwuchern und sie dadurch zerstören. Im Anfangsstadium kann die Pflege von algenfressenden Harnischwelsen, Gattung *Ancistrus*, und Grünflossenbarben, *Crossocheilus siamensis*, das Speerblatt retten; sind erst alle Blätter und sogar das Rhizom befallen, dann ist die *Anubias* nicht mehr zu retten. Speerblätter dürfen nicht eingepflanzt werden, am besten werden sie auf rauhem kalkfreiem Gestein oder auf Moorkienholz befestigt, woran die Pflanze nach einiger Zeit festwächst.

Eine nahe mit *Anubias* verwandte Art ist *Spathiphyllum*, die deshalb sehr ähnlich wächst. Die Art wird leider manchmal als Aquariumpflanze angeboten, kann aber nicht dauerhaft unter Wasser gehalten werden und läßt sich deshalb nur in offenen Aquarien und in Paludarien pflegen, woraus das *Spathiphyllum* wenigstens mit seinen Blättern über die Wasseroberfläche wachsen kann.

Südamerikanische Pflanzen

Diese Pflanzen werden von „Puristen", die ausschließlich asiatische Arten mit den Guramis vergesellschaften wollen, nicht verwendet. Weil es sich bei einigen von ihnen um sehr gute Aquarienpflanzen handelt, müssen diese Pflanzen hier dennoch kurz erwähnt werden.

Amazonasschwertpflanzen

Unter den typischen südamerikanischen Wasser- und Sumpfpflanzen sind selbstverständlich die Amazonasschwertpflanzen der Gattung *Echinodorus* an erster Stelle zu nennen. Die meisten dieser Arten leben als Sumpfpflanzen amphibisch, können aber auch dauerhaft unter Wasser gehalten werden. Einige großwüchsige Arten müssen aus dem Aquarium herauswachsen können, andere sind echte Wasserpflanzen, die ständig submers leben.

Die meisten Schwertpflanzen werden recht groß und sind deshalb nur in großen Aquarien unterzubringen. Es gibt jedoch auch klein bleibende Arten, die bei genügender Beleuchtung sogar für die Vordergrundbepflanzung geeignet sind. Ansonsten lassen sich die meisten *Echinodorus*-Arten unter den üblichen Aquarienbedingungen und auch im Weichwasser für Guramis gut pflegen.

Sumpfschrauben

Sumpfschrauben der Gattung *Vallisneria* sind in der tropischen Region nahezu weltweit verbreitet und ebenfalls gut für Guramiaquarien geeignete Wasserpflanzen. Zwar sind Sumpfschrauben auch in Afrika und Asien verbreitet, doch stimmt ihr Hauptverbreitungsgebiet nur teilweise mit dem der Guramis überein.

Algenbildung

Eines der häufig beim Betrieb des Fadenfischaquariums auftretenden Probleme ist die Algenbildung. Es gibt kein sich in Betrieb befindendes Aquarium, in dem keine Algen vorkommen. Gerade bei neu eingerichteten Aquarien, tauchen bald Algen auf und wenn es nicht von Anfang an gelingt, diese Probleme zu bewältigen, dann können die in Massen auftretenden Algen durchaus die Freude an der Aquaristik verderben.

Gut wachsende höhere Wasserpflanzen sind die größten natürlichen Konkurrenten der Algen. Dort wo Wasserpflanzen sehr gut und in großen Mengen gedeihen, können sich Algen kaum entwickeln, da ihnen die Nahrungsgrundlage entzogen wird. Stimmt das biologische Gleichgewicht des Aquariums nicht, und verschlechtert sich das Milieu, dann werden die Wasserpflanzen mit Wachstumsstörungen reagieren und dadurch können die wesentlich anspruchsloseren Algen besser wachsen und alles überwuchern.

Ein neu eingerichtetes Aquarium darf niemals sofort mit Fischen besetzt werden. Beim Süßwasseraquarium ist es wichtig, daß nach dem Einrichten des Aquariums noch etwa 14 Tage gewartet wird, bis die ersten Fische eingesetzt werden. Algenfressende Fische wie *Ancistrus*-Welse und Grünflossenbarben werden allerdings bis zu 12 cm lang und

Schwimmpflanzen wie diese Schwimmfarne, Ceratopteris thalictroides *und* Salvinia auriculata, *sowie Wasserlinsen,* Lemna minor, *beschatten das Aquarium und schränken dadurch das Algenwachstum ein.*

erstere passen aufgrund ihrer Herkunft aus Südamerika nicht gut ins Fadenfischaquarium. Diese Algenvertilger sollten nur wenig vom regulären Futter erhalten und verzehren deshalb die im Aquarium vorhandenen Algen. Sie bevorzugen allerdings Grünalgen und vor allem junge Algen; einen bereits vorhandenen alten Algenrasen können algenfressende Fische meist nicht mehr vertilgen.

Bereits bei der Standortfrage des Aquariums war ja zu berücksichtigen, daß durch einfallendes Sonnenlicht das Algenwachstum enorm gefördert wird. Durch eine gute Filterung und eine entsprechende CO_2-Düngung – sowie regelmäßige Teilwasserwechsel – wird einer übermäßigen Algenvermehrung wirksam vorgebeugt.

Zwar gibt es Algenvernichtungsmittel auf chemischer Basis, die auch im Aquarium eingesetzt werden können; jedoch ist eine solche Behandlung, die einen erheblichen Eingriff in den biologischen Haushalt des Aquariums darstellt, nicht sinnvoll. Dies darf nur die allerletzte Möglichkeit sein, um eine Algenplage zu bekämpfen. Zuerst ist nach den Ursachen, die Auslöser für eine Algenplage sein können, zu suchen, dann sind diese zu beseitigen und meist lösen sich danach die Probleme mit dem Algenwuchs von selbst. Radikale Eingriffe in den Wasserhaushalt, um Algen zu bekämpfen, belasten auch immer die im Aquarium lebenden Guramis.

Den Aquarianern sind Grünalgen bestens bekannt. Die Grünalgen gibt es in verschiedenen Arten, zum einen in soge-

nannten Punktalgen, die sich auf älteren Blättern der Aquarienpflanzen bilden und dort festsetzen. Auch an den Scheiben bilden sich diese, bis etwa 3 mm großen Punktalgenflecken. Zu den Grünalgen zählen auch die Fadenalgen, die als lange, hellgrüne Fäden frei im Wasser flottieren. Sie umschlingen dabei die höheren Wasserpflanzen, schädigen diese, und stören den optischen Eindruck. Grünalgen lassen sich durch einen größeren Wasserwechsel bekämpfen, denn dadurch wird der Nährstoffüberschuß im Aquarium reduziert. Auch eine Verringerung der Aquarienbeleuchtung in Intensität und Dauer bringt manchmal Erfolge. Um einem leichten Grünalgenwuchs vorzubeugen, können auch Hüpferlinge aus dem Gartenteich ins Aquarium gesetzt werden. Wenn wenige oder nur größere Fische im Aquarium leben, überleben immer ein

materialien und ältere Pflanzenblätter. Entfernen Sie von Anfang an sofort alle Pinselalgen, sobald sie erstmals entdeckt werden!

Die Bekämpfung von Pinsel- oder Bartalgen ist oft schwierig. Manchmal treten sie nach dem Einsetzen neuer Fische oder Pflanzen plötzlich auf. Es gibt zwei schonende Verfahren um sie loszuwerden. Dazu werden alle Pflanzenblätter entfernt, die befallen sind und alle Gegenstände sehr gründlich gereinigt. Die Algen verschwinden wieder, wenn sie immer aus dem Aquarium entfernt werden, sobald sie zu sehen sind. Außerdem treten diese Algen bei einer Temperatur ab 29 °C nicht auf.

Als letzte Algengruppe seien noch die Blaualgen erwähnt, bei denen es sich eigentlich eher um Bakterien als um Algen handelt. Sie überwuchern vor allem den Boden des Aquariums und überziehen auch Teile der Bepflanzung und der Dekoration. Der blau-grüne Belag ist schmierig, läßt sich aber sehr leicht mit einem Schlauch absaugen. Auslöser einer Blaualgenplage ist meist die zu hohe organische Belastung des Wassers. Oft können dann zu hohe Nitratwerte im Wasser gemessen werden. Vor allem bei Nitratwerten über 70 mg/l beginnen Blaualgen gut zu wachsen.

Weil zu hohe Nitratwerte für Fische sowieso ungünstig sind und sie im Wachstum hemmen, ist zumindest durch häufigere Teilwasserwechsel, der Nitratwert zu senken. Wasserwechsel fördern ohnehin die Wasserqualität und das Wohlbefinden der Fische.

paar, die sich bei Temperaturen zwischen 28 und 30 °C vermehren. Sie sind nun oft an der Wasseroberfläche oder an der Scheibe zu sehen und der Algenwuchs geht zurück. Eine leistungsfähige Filterung bietet den besten Schutz gegen Grün- und andere Algen.

Viel unangenehmer, weil unschöner, sind für die Aquarien die sogenannten Bart- oder Pinselalgen, die zu den Rotalgen gehören. Die algenfressenden Fische verzehren sie leider nur im Jugendstadium, wenn sie noch weich sind, und so entwickeln sich die Algen vor allem in Aquarien mit entsprechend starker Wasserbewegung, wozu ja auch unser Gurami- und Fadenfischaquarium gehört. Da es sich hier um kleine Büschel von Algen handelt, die mechanisch nur sehr schwer zu entfernen sind, handelt es sich um eine sehr lästige Alge. Diese Algen setzen sich auf alle Dekorations-

Mondschein-
guramis oder
-fadenfische,
Trichogaster
microlepis, fal-
len nicht gera-
de durch ihre
besondere Far-
bigkeit auf.
Aber ihre
attraktiven
Pastellfarben
kontrastieren
im
Gesellschafts-
aquarium gut
zu den Farben
der anderen
Guramis.
Zudem handelt
es sich um rela-
tiv friedfertige
Fische, die
lediglich zur
Fortpflanzungs-
zeit Reviere
beanspruchen
und verteidi-
gen.
Männliche Art-
genossen wer-
den dann aller-
dings direkt
angegriffen.

Den vorhergehenden Kapiteln können Sie die wichtigsten allgemeinen Informationen über Labyrinthfische entnehmen. Die hier folgenden Steckbriefe ergänzen dies um spezielle Kenntnisse zu den einzelnen Gattungen und Arten: Verbreitung, Lebensweise, Haltung und Zucht. Die enthaltenen Vorschläge müssen nicht exakt eingehalten werden, oft führen auch andere Lösungen bei der Haltung und Zucht zum Erfolg. In den Steckbriefen werden die Gattungsnamen in gekürzter Schreibweise verwendet. Die in Klammern gesetzten Zentimeterangaben nach den Namen der Fische beziehen sich auf ihre jeweilige Endgröße, die Schwanzflosse eingerechnet.

Gattung *Colisa*
Kleine Fadenfische, kleine Guramis

Die klein bleibenden Fadenfische oder Guramis sind farbenprächtige und friedfertige Fische, die sowohl Anfänger als auch fortgeschrittenen Aquarianer zu begeistern vermögen. Alle vier Arten sind problemlos zu pflegen und die aufopfernde Brutpflege der Männchen weckt das Interesse von Aquarianern und Wissenschaftlern.

Arten: *Colisa chuna* (Honiggurami, 4 cm), *Colisa fasciata* (Gestreifter Fadenfisch, 10 cm), *Colisa labiosa* (Dicklippiger Fadenfisch, 9 cm), *Colisa lalia* (Zwergfadenfisch, Lalius, bis 6 cm). Von allen Arten gibt es, teilweise sogar mehrere, Zucht- und Farbformen.

Imponierende Honiggurami-männchen, Colisa chuna. Honigguramis sind nahezu perfekte Aquarienfische: sie sind attraktiv gefärbt, friedfertig, bleiben klein und sind im Hinblick auf die Wasserqualität relativ anspruchslos.

Verbreitung: Die *Colisa*-Arten sind in Indien, Pakistan, Bangla Desh und Burma verbreitet; auf Sri Lanka fehlen sie.

Lebensraum: Fadenfische leben in fast allen stehenden und langsamer fließenden Gewässern in den oberen Wasserschichten. Aufgrund ihrer Labyrinthatmung haben sich besonders die Fadenfische der Gattungen *Colisa* und *Trichogaster* zu echten Kulturfolgern entwickelt. In den teilweise extrem warmen und sauerstoffarmen Reisfeldern sowie in den leider oft erheblich verschmutzten Klongs der Siedlungen sind diese Fische nahezu ständig zu finden. Aber auch in den Teichen, Gräben und selbst den Uferregionen der großen Ströme fehlen sie nicht.

Imponierende Zwergfadenfischmännchen, Colisa lalia, *der Regenbogenfarbvariante. Die Kämpfe enden selten mit solchen Flossenschäden.*

Es ist heute leider schwierig geworden, Zwergfadenfische, Colisa lalia, *der Wildform mit sauberer Streifenzeichnung zu erwerben.*

Lebensweise: Hier handelt es sich um typische schaumnestbauende Arten mit Vaterfamilien. Zur Fortpflanzungsperiode gründen die Männchen Reviere und errichten in deren Zentrum ihre kompakten Schaumnester an der Wasseroberfläche. Artgenossen und Fremdfische werden vertrieben und selbst das Weibchen wird nur zur Paarung in der Nestnähe geduldet.

Die Jungfische bilden große Schwärme, die Erwachsenen können sich außerhalb der Fortpflanzungszeit zu größeren lockeren Gruppen zusammenfinden.

Nahrung: Feine lebende Nahrung aller Art, bis etwa 2 cm Länge. Die Kahmhaut von der Oberfläche wird gelegentlich „eingeschlürft". Auch manche Algen und weiche Pflanzenteile werden gelegentlich verzehrt.

Fortpflanzung: Der Laich treibt von selbst an der Oberfläche und wird vom Männchen im Nest gesammelt und betreut. Die Larven schlüpfen bereits nach einem Tag und nehmen nach weiteren zwei Tagen ihre erste feine Nahrung auf.

Besonderheiten: Zur Nahrungsaufnahme oder zur Brutpflege können die *Colisa*-Arten ähnlich dem Schützenfisch spucken und auf diese Weise Nahrung oder Eier ins Wasser spülen. Die Nahrung wird dann verzehrt; die winzigen, glasigen Eier schweben kurz im Wasser, sind so für den Vater besser sichtbar und werden daraufhin im Nest verstaut.

Haltung

Haltungsaquarium: Ein Honiggurami-paar ist mit einem 20 l-Aquarium zufrie-

den, den anderen Arten müssen je Paar mindestens 60 l zur Verfügung stehen. Sehr empfehlenswert ist die Pflege mehrerer Fadenfische, die Weibchen möglichst in der Überzahl, im größeren Aquarium. Dort grenzen die Männchen ihre Reviere gegeneinander ab und sind deshalb fast ständig in ihrer prächtigen Balz- und Brutpflegefärbung zu sehen. Für die Weibchen und schwächeren Männchen müssen allerdings viele Verstecke vorhanden sein, die aber durch eine dichte Bepflanzung und einige Schwimmpflanzen leicht zu schaffen sind. Bei regelmäßigen Wasserwechseln ist eine Filterung nicht notwendig, sie stört sogar eher durch die verursachte Wasserbewegung.

Wasser: 2 bis 20 °dGH, bis 8 °KH, pH-Wert 6 bis 7,5; 20 bis 28 °C.

Fütterung: Alle Futterarten passender Größen.

Zucht

Zuchtaquarium: Die Zucht ist im Artaquarium ab 50 l (20 l für *C. chuna*) einfach. Das Schaumnest mit den Eiern kann auch, bei der Fortpflanzung im Gesellschaftsaquarium, mit einer Schale abgeschöpft und in ein Aufzuchtaquarium übertragen werden. Verstecke für die Weibchen sind wichtig; aus kleinen Aquarien muß das Weibchen nach dem Ablaichen herausgefangen werden, weil es sonst vom Männchen bei der Revierverteidigung getötet werden könnte. An der Oberfläche sollten Schwimmpflanzen schwimmen, die vom Männchen oft in das Schaumnest einbezogen werden.

Ein schönes Zwergfadenfischmännchen, Colisa lalia, *der Neonzuchtform.*

Wildformmännchen des Dicklippigen Fadenfischs, Colisa labiosa. *Auch diese Art ist friedfertig und, sofern gesunde Fische erhältlich sind, relativ gut zu pflegen.*

Colisa lalia benötigt zusätzlich viel feines Pflanzenmaterial, zum Beispiel Javamoos, *Vesicularia dubyana*, das vom Männchen zusammengetragen und in den Nestbau einbezogen wird. Fehlen

Die meist aus Südostasien aus Nachzuchten importierten Zwergfadenfische gehören in der Regel den verschiedenen Zuchtformen an. Leider bringen diese Fische oft unheilbare Krankheiten wie Fischtuberculose in unsere Aquarien mit.

Männchen des Gestreiften Fadenfischs, Colisa fasciata.

diese Pflanzen, dann zerrupft das Männchen den wertvollen Pflanzenbestand aus Mangel an Nistmaterial.

Wasser: 0 bis 15 °dGH, bis 4 °KH, pH-Wert 6,0 bis 7,0; 22 bis 30 °C.

Fütterung der Elterntiere: Lebend- und Frostfutter, besonders Mückenlarven, ergänzt durch Flockenfutter.

Zuchtmethode: Ansatz eines Paars, das zuvor etwa eine Woche getrennt wurde, oder Daueransatz im Artaquarium. Das Weibchen direkt nach dem Ablaichen herausfangen, das Männchen erst nach dem Freischwimmen der Jungen, etwa drei Tage nach dem Ablaichen. Nach dem Freischwimmen der Jungfische

erlischt die Brutpflegemotivation des Vaters und er beginnt die Kleinen als Nahrung zu betrachten. Der Vater muß jetzt herausgefangen werden.

Auch dieses rote Zwergfadenfischmännchen ist nicht gesund, wie an den blassen Farben und der Abmagerung erkennbar ist. Foto: Aqualife, Taiwan

Aufzucht: Die sehr kleinen Jungfische benötigen naturgemäß sehr feines Erstfutter, das durch Räder- und Pantoffeltierchen geliefert werden kann. Feine Futterflocken und *Artemia*-Nauplien sind zu grob und können erst nach etwa einer Woche zusätzlich angeboten werden. Mindestens dreimal täglich füttern und möglichst oft Anteile des Wassers erneuern!

Besonderheiten: Weil die kleinen Fadenfische schnell zur Fortpflanzung schreiten, werden sie häufig in der Literatur dem Anfänger zu ersten Zuchtversuchen empfohlen. Bei der Aufzucht der winzigen Jungen entstehen dann aber oft Probleme, die selbst von Fortgeschrittenen nur schwer zu bewältigen sind. Vor allem die Jungfische der Honigguramis sind sehr winzig und brauchen kleinstes Erstfutter wie Räder- und Pantoffeltierchen.

Mein Tip: Es ist sinnvoll, zuerst Zuchtversuche mit leichter zücht- und aufziehbaren Labyrinthfischen wie Siamesischen Kampffischen, *Betta splendens*, oder Paradiesfischen, *Macropodus opercularis*, zu unternehmen und erst dann weitere Erfahrungen mit etwas anspruchsvolleren Arten sammeln. Die Jungfische solcher Arten bewältigen sofort nach dem Freischwimmen die Nauplien der Salinenkrebschen.

Goldformweib-
chen des
Gepunkteten
Fadenfischs,
Trichogaster
trichopterus.

Goldform-
männchen des
Gepunkteten
Fadenfischs,
Trichogaster
trichopterus.

Gattung *Trichogaster*
Guramis oder Fadenfische

Guramis oder Fadenfische zählen zu den Aquarienfischen der ersten Stunde und sie konnten diesen Status in unseren Aquarien behaupten. Diese anpassungsfähigen Fische sind in genügend großen Aquarien ausgesprochen friedlich, sowohl gegenüber Artgenossen, als auch zur Gesellschaft. Alle vier Arten, die den *Colisa*-Arten sehr ähneln, sind Schaumnestbauer. Die Männchen betreiben eine intensive Brutpflege und Revierverteidigung. Vom Blauen Fadenfisch, *Trichogaster trichopterus*, existieren zahlreiche Zuchtformen.

Arten: *Trichogaster leerii* (Mosaikfadenfisch, 10 bis 14 cm), *Trichogaster microlepis* (Mondscheingurami, 11 bis 15 cm), *Trichogaster pectoralis* (Schaufelfadenfisch, 20 cm), *Trichogaster tricho-* *pterus* (Gepunkteter Fadenfisch, Blauer Gurami, mit vielen Farb-Zuchtformen, die alle eigene Namen erhielten, 10 bis 14 cm).

Verbreitung: Südostasien (Hinterindien und Sunda-Archipel).

Lebensraum: Die Fadenfische oder Guramis leben in nahezu allen stehenden und langsam fließenden Gewässern Südostasiens. Sehr häufig auch in verschmutzten und sauerstoffarmen Biotopen, beispielsweise in ungespritzten

Reisfeldern. Das Wasser ist oft mineralarm und kann Temperaturen über 30 °C erreichen.

Lebensweise: Jungfische und Erwachsene bilden außerhalb der Fortpflanzungszeit große Schwärme. Die Männchen gründen Reviere und dulden keine Rivalen; auch nicht laichbereite Weibchen werden aggressiv vertrieben.

Nahrung: Kleine Wassertiere, Anflug, auch Samen und weiche Pflanzenteile.

Fortpflanzung: Schaumnestbau, der Laich wird vom Männchen im Nest gesammelt und betreut. Die Larven schlüpfen nach einem Tag und schwimmen zwei Tage später frei.

Besonderheiten: Der Mondscheingurami baut sein Nest vornehmlich aus Pflanzenteilen, die mit feinen Schaumblasen unterlegt werden.

Haltung

Haltungsaquarium: Weil Guramis relativ groß werden, sind für alle Arten Aquarien ab 160 l Wasserinhalt erforderlich, in denen, bei angemessener Gliederung der Aquarieneinrichtung, etwa drei Paare gepflegt werden können. Die Kombination verschiedener Arten sichert eher einen Pflegeerfolg, als das Halten mehrerer Individuen der gleichen Art, weil sich bei diesen die Männchen mehr in Revierkämpfe verstricken. Bei regelmäßigem Wasserwechsel und reichhaltiger Bepflanzung des Aquariums kann auf eine Filterung verzichtet werden, weil die Fische Wasserbewegungen nicht lieben.

Wasser: 2 bis 20°dGH, pH-Wert 5 bis 7,5; 20 bis 30 °C.

Fütterung: Alle Futterarten!

Zucht

Zuchtaquarium: Im Artaquarium ab 160 l können Zuchtversuche unternommen werden. Die Zucht von *Trichogater trichopterus* ist leicht, sie wird über *T. leerii* und *T. microlepis* bis zu *T. pectoralis* immer schwieriger. Das Zuchtaquarium sollte sehr dicht bepflanzt sein, um einen zu häufigen Sichtkontakt der Partner zu vermeiden.

Wasser: 0 bis 16 °dGH, 0 bis 8 °KH, pH-Wert 5 bis 6,8; 22 bis 28 °C.

Cosby- oder Marmorformmännchen des Punktierten Fadenfischs, Trichogaster trichopterus.

Fütterung der Elterntiere: Lebendfutter und Frostfutter, vor allem Schwarze und Weiße Mückenlarven. Aber auch Nahrung pflanzlichen Ursprungs ist wichtig!

Zuchtmethode: Daueransatz im Artaquarium oder die Partner vor dem Zuchtansatz für etwa eine Woche trennen und gut füttern. Schaumnester mit Eiern kön-

Mosaikfaden-fischmännchen, Trichogaster leerii. *Mosaik-fadenfische sind einfach zu pflegen und sie pflanzen sich auch im Gesell-schaftsaquari-um fort. Die Aufzucht der winzigen und zahlreichen Jungfische erfordert jedoch einiges Geschick.*

nen abgeschöpft und die Jungfische getrennt von den Eltern aufgezogen werden. Besser ist es, das Weibchen nach dem Ablaichen herauszufangen, denn das Männchen übernimmt die sorgfältige Brutpflege allein. Nach dem Freischwimmen der Jungen, drei Tage nach dem Ablaichen, muß auch das Männchen entfernt werden, weil es nun beginnt, die Jungfische zu verzehren.

Aufzucht: Die Jungfische benötigen äußerst feine Nahrung als Erstfutter. Räder- und Pantoffeltierchen haben sich bewährt. Nach etwa zehn Tagen können zusätzlich Nauplien von *Artemia* und *Cyclops* angeboten werden. Auch sehr feines Flockenfutter kann jetzt zur Erweiterung des Speisezettels verfüttert werden. Jetzt muß auch eine kräftige Filterung im Aquarium installiert werden. Häufige Wasserwechsel und das Verteilen der Brut auf mehrere Aufzucht-

Mosaikfaden-fischweibchen, Trichogaster leerii.

aquarien sichern ein gleichmäßiges und gesundes Wachstum und fördern die Wuchsgeschwindigkeit.

Besonderheiten: Um den Schaumnest-bau des Männchens zu unterstützen, müssen sich Schwimmpflanzen oder Schwimmblattpflanzen im Aquarium befinden, unter deren Blättern das Nest besonders gern errichtet wird. Für *Trichogaster microlepis* muß außerdem viel feines Pflanzenmaterial, beispielsweise Javamoos, *Vesicularia dubyana*, vorhanden sein, weil das Nest vornehmlich daraus errichtet wird.

Gattung *Osphronemus*
Gurami, Riesen- oder Speisegurami

Der bis 80 cm groß werdende Gurami, *Osphronemus gorami*, auch als Speise- oder Riesengurami bezeichnet, ist für die Haltung im Heimaquarium nicht geeignet. Trotzdem werden von diesem in Südostasien in großen Massen gezüchtetem Fisch regelmäßig kleine Jungfische importiert. Weil diese Jungfische Schokoladenguramis ähneln, werden sie recht häufig irrtümlich von Liebhabern erworben. Guramis sind aber als Jungfische äußerst aggressiv, so daß selbst in einem sehr großen Aquarium nur ein

Exemplar überlebt – und nach der Tötung der Artgenossen werden vergesellschaftete Fische verfolgt. Die erwachsenen Fische sind friedlicher. Diese werden in einigen Schauaquarien vorgestellt, aber auch dort bereiten diese Allesfresser aufgrund ihres erheblichen Stoffwechsels große Probleme bei der Wasserreinhaltung. Wenn also ein Aquarianer einen solchen Gurami großgefüttert hat, weil ihn die Art interessier-

te, dann ergeben sich später oft Probleme, den Fisch an andere Pfleger abzugeben. Außerdem zählt gerade diese Art zu den streßanfälligsten Fischen, die bereits beim Jagen mit dem Netz sterben können. Die Art wurde als Speisefisch im gesamten Südostasien verbreitet, denn ihr Fleisch gilt als sehr wohlschmeckend.

Die Männchen errichten Nester aus Pflanzenmaterial und Schaum; sie betreiben Brutpflege. Die Zucht ist in großen Schauaquarien und sogar bei Privatleuten in beheizten Teichen bereits gelungen.

Arten: *Osphronemus gorami* (Riesen- oder Speisegurami, 80 cm), *Osphronemus laticla-*

vius, Osphronemus septemfasciatus (beide über 60 cm).

Haltungsaquarium: Artaquarium ab 2000 l, Gesellschaftsaquarium ab 10000 l oder Warmwasserteiche. Verstecke, dichte Bepflanzung im Randbereich, Schilf und Schwimmpflanzen.

Goldform des Speisegura-mis, Osphro-nemus gora-mi. *Auch diese Fische sind nicht für das Heim-aquarium geeignet.*

Wasser: bis 22 °dGH, pH 5 bis 8; 20 bis 29 °C.
Fütterung: Pflanzenfutter, Paprika, Gur-ken, Salat, Reis, im Winter vor allem Forellenpellets, auch Rinderherz.
Besonderheiten: Es handelt sich um sehr groß werdende ungewöhnliche Fische die bereits in Zoos, aber auch Privat im Warmwasserteich gezüchtet wurden.
Achtung: Speisefisch, wird 80 cm groß!

Zucht
Zuchtaquarium: Circa ein 2000 l-Aqua-rium genügt für ein Paar. Die Männchen kämpfen in zu kleinen Aquarien heftig-miteinander. Verstecke (Höhlen) sind für das Weibchen wichtig. Das Männ-chen benötigt viel pflanzliches Material für den Nestbau.

Verbreitung: In nahezu allen Gewässern in Thailand, Vietnam, Kambodscha, Laos, Malaysia und Indonesien (Borneo, Java, Sumatra und den meisten kleineren Inseln), Philippinen.
Lebensraum: Teiche, Bäche, Flüsse, Sümpfe, Reisfelder (Kulturfolger).
Lebensweise: Außerhalb der Laichzeit in lockeren Trupps. Stark an die Oberfläche gebunden, oft in der Nähe von Pflan-zenbeständen. Männchen gründen Laichreviere.
Nahrung: Allesfresser, bevorzugt leben-de Futtertiere.
Fortpflanzung: Schaumnestbauer, das Männchen errichtet ein Nest mit Pflan-zenmaterial an der Oberfläche. Die Part-ner laichen unter einer Umschlingung direkt unter dem Nest. Die Eier landen durch eigenen Auftrieb, da sie Öltröpf-chen enthalten, direkt im Nest. Der Vater übernimmt die Brutpflege allein, die Mutter ist nicht beteiligt und wird vom Männchen aggressiv vertrieben.

Wasser: 3 bis 15 °dGH, bis 10 °KH, pH-Wert bis 7; 24 bis 30 °C.
Fütterung der Elterntiere: Allesfresser: Gröbere Nahrung, Forellenpellets, auch Pflanzliches ist wichtig.
Zuchtmethode: Ansatz im Paar, Weib-chen nach dem Ablaichen entfernen, das Männchen nach dem Freischwim-men der Jungen (etwa drei Tage nach dem Ablaichen).
Aufzucht: Die Jungen bewältigen sofort feine *Artemia*-Nauplien.
Besonderheiten: Die Jungen sind extrem aggressiv untereinander, deshalb wird sehr viel Platz für die Aufzucht benötigt.
Mein Tip: Hände weg von dieser Art!

Gattung *Helostoma*
Küssender Gurami

Küssende Guramis weichen in vielen ihrer Eigenschaften vom Standardbild des Guramis ab. Diese Schwarmfische bilden keine dauerhaften Reviere und betreiben keine Brutpflege. Sie ernähren sich als Filtrierer von Feinstplankton. Die Art ist wegen ihres außergewöhnlichen Kampf- und Balzverhaltens, bei dem die Münder in kußähnlicher Weise benutzt werden, als Aquarienfische sehr beliebt.

Art: *Helostoma temminckii* (Küssender Gurami, 20 cm), mit der grüngrauen Wildform und einer rosafarbenen sowie einer seltenen gelblichen Zuchtform.

Verbreitung: Als Speisefisch in Südostasien weit verbreitet.

Lebensraum: In allen stehenden und langsam fließenden Gewässern, häufig in wasserpflanzenreichen Teichen.

Lebensweise: Wanderfreudiger sowie friedlicher Schwarmfisch.

Nahrung: Allesfresser. Plankton, auch kleine andere Nahrung wie Anflug, Kleinkrebse, Wasserinsekten, Würmer und weiches Pflanzenmaterial sowie Algen.

Mein Tip: Weil die Filtrierer in der Natur über den ganzen Tag verteilt Nahrung aufnehmen, ist im Aquarium eine mehrfache Fütterung am Tag, jeweils in kleinen Mengen sinnvoll.

Fortpflanzung: Nach der Paarung durch Umschlingung treibt der Laich an der Wasseroberfläche. Der Schlupf der Larven beginnt nach etwa einem Tag, der Beginn der Nahrungsaufnahme nach drei weiteren Tagen.

Besonderheiten: Auch die rosa Zuchtform hat als Speisefisch, beispielsweise auf Java, weite Verbreitung gefunden. Küssende Guramis sind innerartlich sehr streitbar, dabei kommt aber kein Fisch zu schaden.

Haltung

Haltungsaquarium: Die relativ groß werdenden Fische müssen in größeren Aquarien ab 160 l Inhalt gepflegt werden. Der Küssende Gurami stellt keine besonderen Ansprüche und ist zur Vergesellschaftung sehr gut geeignet. Eine Filterung über Motorpumpen stört eher, als daß sie nützlich wäre, häufige Wasserwechsel sind hingegen sehr sinnvoll.

Ein Jungfisch der grünlich-silbernen Wildform des Küssenden Guramis, Helostoma temminckii. *Wildfarbene Küsser wirken recht attraktiv, aber es sind heute nur noch Zuchtformen im Zoohandel erhältlich.*

Wasser: 4 bis 20 °dGH, pH-Wert 6 bis 7,5; 20 bis 28 °C.

Fütterung: Alle feinen Futterarten.

Zucht

Zuchtaqaurium: Ansatz als Paar oder im

*Diese wildfar-
benen Küsser,
Helostoma
temminckii,
bereiten sich
gerade zum
Kräftemessen
vor.*

*Solche rosafar-
bene Küssende
Guramis,
Helostoma
temminckii,
sind in jeder
guten Zoofach-
handlung
erhältlich.*

Schwarm, im Haltungs- oder im Zuchtaquarium. Feinfiedrige Wasser- und Schwimmpflanzen schützen die Eier besser vor dem Zugriff der Eltern.
Wasser: 0 bis 12 °dGH, pH-Wert 6 bis 6,5; 22 bis 26 °C.
Fütterung der Elterntiere: Feines Lebend- und Frostfutter, auch Futterflocken, in großen Mengen – oft und in kleinen Portionen verabreicht.
Zuchtmethode: Günstig ist der Daueransatz eines Schwarms im Artaquarium. Nach etwa einwöchiger reichlicher Fütterung und einem anschließenden 70- bis 80-prozentigen Wasserwechsel laichen geschlechtsreife Fische nahezu auf Kommando. Die Eier, je Weibchen in fünfstelligen Zahlen, werden von den Eltern sofort nach dem Ablaichen verzehrt. Deshalb muß der Züchter bald eingreifen und die Eltern umsetzen oder die Eier abschöpfen. In der Regel laichen die Küsser nachts!

Aufzucht: Die sehr kleinen Jungfische benötigen entsprechend feine Erstnahrung. Pantoffel- und Rädertierchen sowie Schwebalgen. Schon nach einer Woche können zusätzlich andere Futterarten angeboten werden; sehr bald nehmen die Jungen auch kleine Futterflocken. Die Heranwachsenden müssen bald aufgrund ihrer großen Zahl auf mehrere Aufzuchtaquarien verteilt werden. Reichliche Fütterung und häufige Wasserwechsel sowie gute Filterung sind für ein gleichmäßiges und gesundes Wachstum wichtig.

Gattung *Trichopsis*
Knurrende Guramis

Der Name dieser Fische deutet bereits ihre Fähigkeit zur Lauterzeugung in – für den Menschen gut wahrnehmbaren – Frequenzen an. Nahezu alle Kletterfische sind zur Lauterzeugung fähig, das Knurren der Knurrenden Guramis ist allerdings besonders laut und noch weit abseits vom Aquarium wahrnehmbar. Neben dieser Besonderheit handelt es sich um attraktive Fische, die aber in der Vergesellschaftung etwas heikel, da aggressiv sein können.

Arten: *Trichopsis pumila* (Knurrender Zwerggurami, 4 cm), *Trichopsis schalleri* (Schallers Knurrender Gurami, 6 cm), *Trichopsis vittata* (Knurrender Gurami, 8 cm).

Verbreitung: In nahezu allen Gewässern in Thailand (alle drei Arten), in Malaysia und Indonesien (Borneo, Java und Sumatra nur *T. vittata*).

Lebensraum: Teiche, Bäche, Flüsse, Sümpfe, Reisfelder (Kulturfolger).

Lebensweise: Außerhalb der Laichzeit in lockeren Trupps. Stark an die Oberfläche gebunden, lebt oft in der Nähe von Pflanzenbeständen. Die Männchen gründen Laichreviere.

Nahrung: Allesfresser, bevorzugt lebende Futtertiere.

Fortpflanzung: Schaumnestbauer, das Männchen errichtet ein Nest an der Oberfläche. Die Partner laichen unter Umschlingung. Das Männchen schnappt das Eipaket und bringt es im Nest unter, es übernimmt die Brutpflege allein. Das Weibchen übernimmt die Revierverteidigung. Nach vier Tagen schwimmen die Jungen frei.

Haltung

Haltungsaquarium: Artaquarium ab 60 l, Gesellschaftsaquarium ab 80 l; Verstecke, dichte Bepflanzung im Randbereich, Schwimmpflanzen.

Wasser: 2 bis 15 °dGH, pH-Wert 5 bis 7,5; 20 bis 25 °C.

Fütterung: Lebend, Frost-, Granulat- und Flockenfutter.

Besonderheiten: Es handelt sich um attraktive Fische, die auch dem Anfänger empfohlen werden können.
Manche *Trichopsis vittata*-Populationen können aber aggressiv sein und den Aquarienmitinsassen lästig werden.

Trichopsis schalleri ist ein attraktiver kleiner Knurrender Gurami, der auch gut für Gesellschaftsaquarien geeignet ist.

Trichopsis pumila wird nur bis 4 cm lang und kann deshalb nur mit anderen relativ klein bleibenden Arten vergesellschaftet werden.

75

Imponierende Schallers Knurrende Guramis, Trichopsis schalleri, sind ein toller Anblick und ein richtiges akustisches Spektakel.

Achtung: Bereits Fische von etwa halber Körpergröße der Knurrenden Guramis werden von ihnen als Nahrung angesehen!

Zucht

Zuchtaquarium: Circa ein 60 l-Aquarium genügt für ein Paar. Die Männchen kämpfen in zu kleinen Aquarium miteinander. Verstecke (Höhlen) und Schwimmpflanzen sind für das Weibchen und den Schaumnestbau wichtig.

Wasser: 3 bis 10 °dGH, bis 5 °KH, pH-Wert 5 bis 6,8; 20 bis 24 °C.

Fütterung der Elterntiere: Lebend- und Frostfutter, auch gröbere Nahrung.

Zuchtmethode: Ansatz im Paar, Weibchen nach dem Ablaichen entfernen, das Männchen nach dem Freischwimmen der Jungen (etwa zwei Tage nach dem Ablaichen).

Der Spitzkopfgurami, Ctenops nobilis, ist wie die Schokoladenguramis ein Maulbrüter. Auch er gehört zu den echten Problemfischen.

Aufzucht: Die Jungen bewältigen sofort feine *Artemia*-Nauplien, zur Vorsicht sollten in den ersten drei Tagen Rädertierchen zugefüttert werden.

Besonderheiten: *Trichopsis pumila* und *T. schalleri* sind in Pflege und Zucht etwas heikler als der robuste *T. vittata*.

Gattungen *Ctenops, Parasphaerichthys* und *Sphaerichthys*
Spitzkopf- und Schokoladenguramis

Über diese Gruppe anspruchsvoller maulbrütender Labyrinthfische wurden erst in jüngster Zeit einige Kenntnisse gesammelt. Alle Arten sind sehr heikel, weil sie schnell auf Wasserverschlechterungen reagieren und zudem leicht erkranken. Viele bringen auch bereits als Wildfänge aus der Natur Parasiten (Würmer) mit. Trotzdem ist ihre Pflege aufgrund des interessanten Brutpflegever-

Fortpflanzung: Die meisten dieser Guramis sind Maulbrüter im weiblichen Geschlecht. Lediglich bei *S. acrostoma* und *S. vaillanti* trägt das Männchen die Brut aus. Zu *P. ocellatus* fehlen noch belegte Aussagen zur Fortpflanzungsbiologie, es spricht aber vieles dafür, daß es ebenfalls ein Maulbrüter ist. Die Paarung erfolgt auch hier in einer Umschlingung. Die Eier werden vom maulbrütenden Partner direkt ins Maul gesammelt, die Maulbrutpflegezeit dauert circa zwölf Tage.

haltens für Labyrinthfischfreunde durchaus attraktiv.

Arten: *Ctenops nobilis* (Spitzkopfgurami, 10 bis 12 cm), *Parasphaerichthys ocellatus* (Burmesischer Schokoladengurami, 8 cm), *Sphaerichthys acrostoma* (Spitzköpfiger Schokoladengurami, 6 cm), *Sphaerichthys osphromenoides* (Schokoladengurami, 6 cm), *Sphaerichthys selatanensis* (Silberstreifen Schokoladengurami, 6 cm), *Sphaerichthys vaillanti* (Vaillants Schokoladengurami, 5 cm).

Verbreitung: *Ctenops nobilis* in Indien und Bangla Desh, *Parasphaerichthys ocellatus* in Mayanmar (Burma), *Sphaerichthys osphromenoides* in Malaysia und Indonesien (Borneo und Sumatra) und *S. acrostoma*, *S. selatanensis* und *S. vaillanti* ausschließlich auf Borneo.

Lebensraum: Gräben, Bäche, Teiche und Sümpfe, fast ausschließlich im Schwarzwasser, selten im Klarwasser.

Lebensweise: Bodenorientiert und sehr versteckt lebend, selten in größeren Gruppen.

Nahrung: Lebende Tiere aller zu bewältigenden Größen.

Besonderheiten: Die Importe von *C. nobilis* waren bisher ständig von Wurmlarven befallen, weshalb noch keine dauerhafte Haltung im Aquarium gelang. Auch die Schokoladenguramis sind sehr anspruchsvoll und eine dauerhafte Haltung über mehrere Jahre kann schon als Erfolg gewertet werden. Diese Fische können nur dem fortgeschrittenen und spezialisierten Aquarianer zur Pflege empfohlen werden. Dieser kann jedoch noch zahlreiche neue Beobachtungen machen und wichtige Erkenntnisse gewinnen, denn im Wissen über diese Fische klaffen noch große Lücken.

Haltung

Haltungsaquarium: Artaquarium ab 80 l. Moorkienholz und lockere Bepflanzung als Versteckmöglichkeiten.
Schwimmpflanzen und eine schwache Beleuchtung bewirken ein dunkles

Der Selatan-Schokoladen-gurami, Sphaerichthys selatanensis, *zählt zu den besonderen Raritäten unter den Aquarienfischen. Darüberhinaus ist er nur in weichem Schwarzwasser zu pflegen.*

Aquarium, das besonders von diesen Fischen bevorzugt wird. Eine Filterung ist notwendig, darf aber nur eine geringe Strömung verursachen.

Wasser: Bis 10 °dGH, bis 1 °KH(!), pH-Wert 3,8 bis 6,0; 20 bis 24 °C, Schwarzwasser.

Fütterung: Lebend- und Frostfutter. Nur in Ausnahmefällen können die Fische an Futterflocken gewöhnt werden.

Besonderheiten: Heikle Pfleglinge, die oft auch besondere Ansprüche an die Nahrung stellen und nur bestimmte Futterarten annehmen oder einen ständigen Wechsel der Futtersorten verlangen.

Zucht

Zuchtaquarium: Die Zuchtversuche erfolgen am besten im normalen Haltungsaquarium, um den empfindlichen Fischen ein unnötiges Umsetzen zu ersparen. Brutpflegende Fische mit vollem Maul können in einem Behälter mit Wasser vorsichtig umgesetzt werden. Besser ist es, die entlassene Brut aus dem Haltungsaquarium herauszufischen (nachts von der Oberfläche). Einrichtung siehe „Haltungsaquarium".

Wasser: Bis 3 °dGH, keine KH, pH-Wert 3 bis 4,8; 22 bis 24 °C, Schwarzwasser.

Fütterung der Elterntiere: Lebend- und Frostfutter, besonders Mücken- und Eintagsfliegenlarven.

Hinweis: Nie *Tubifex* oder Rote Mückenlarven verfüttern, da sie oft mit Giften belastet sind und Krankheiten verursachen!

Zuchtmethode: Eine spezielle Zuchtmethode gibt es nicht! Am besten ist es für den Aquarianer, den Fischen möglichst gute Bedingungen zu schaffen und dann sehr viel Geduld zu haben.

Unter den Fischen zusagenden Bedingungen werden sie im Haltungsaquarium zur Fortpflanzung schreiten. Häufige Wasserwechsel könnten die Laichbereitschaft stimulieren.

Aufzucht: Die aus dem Maul entlassenen Jungen bewältigen sofort *Artemia*-Nauplien. Eine vielseitige Ernährung mit anderem feinen Lebendfutter zusätzlich ist jedoch notwendig, um Mangelerkrankungen vorzubeugen.

Besonderheiten: Die Nachzucht dieser Fische ist noch immer eine Seltenheit, bei manchen Arten ist sie noch gar nicht gelungen.

Schlußbemerkungen

Unter den bekannteren Guramis oder Fadenfischen, wobei der Name – wie Sie inzwischen sicher festgestellt haben – teilweise gleichlautend und teilweise alternativ benutzt wird, gibt es unterschiedlich gut geeignete Aquarienfische. Arten, wie die Fische der Gattungen *Colisa* und *Trichogaster*, sind hervorragend und ohne Einschränkungen für die Aquaristik zu empfehlen. Küssende Guramis, *Helostoma temminckii*, und die Knurrenden Guramis der Gattung *Trichopsis* sind bei angemessener Haltung ebenfalls gut geeignet, während die Schokoladenguramis der Gattung *Sphaerichthys* sowie ihre Verwandten der Gattungen *Ctenops* und *Parasphaerichthys* nur von Spezialisten gepflegt oder sogar gezüchtet werden können. Der eigentliche Gurami oder Riesengurami, *Osphronemus gorami*, ist schlußendlich aufgrund seiner Endgröße und seiner enormen Aggressivität in seiner Jugend überhaupt nicht für die Aquaristik geeignet.

Aus diesem Reigen bunter Fische mit außerordentlich interessanten Verhaltensweisen kann jeder Aquarianer ihm passend erscheinende Arten finden. Von besonderem Interesse ist für die Aquaristik die Erhaltung der Wildformen, denn es wäre sehr bedauerlich, wenn diese ganz aus unseren Aquarien verschwinden würden. Gerade die *Colisa*- und *Trichogaster*-Arten können einerseits mit wunderschönen Wildformen

aufwarten und es gibt andererseits interessante Farbmutationen unter ihnen. Ob Sie beispielsweise lieber einen „Pfirsichgurami" oder lieber den altbekannten „Dicklippigen Fadenfisch", beide *Colisa labiosa*, pflegen möchten, können natürlich letztendlich nur Sie selbst entscheiden...

Oben: Gold- oder Pfirsichformmännchen des Dicklippigen Fadenfischs, Colisa labiosa. Unten: Balzendes Paar des Dicklippigen Fadenfischs.

Bücher für Ihr Hobby

Mit der neuen Erfolgsreihe aus dem bede-Verlag bieten wir Ihnen zu Ihren Aquarienfischen das passende Buch. Sie möchten in die Aquaristik einsteigen? Oder Sie brauchen wertvolle Tips zur Haltung und Zucht Ihrer Fische? Dann ist unsere neue Reihe genau das Richtige. Jeder der 30 Titel umfaßt 80 Seiten und circa 80 bis 100 faszinierende Farbaufnahmen.
Für nur DM 19,80 je Titel ein aquaristisches Muß für Hobby-Aquarianer.

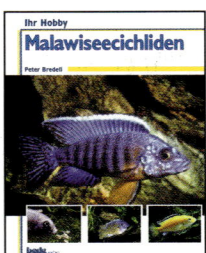

Zwergcichliden
ISBN 3-931 792-29-3

Tanganjikaseecichliden
ISBN 3-931 792-44-7

Malawiseecichliden
ISBN 3-931 792-25-0

Corydoras-Panzerwelse
ISBN 3-931 792-26-9

Guppys
ISBN 3-931 792-28-5

Piranhas
ISBN 3-931 792-27-7

Skalare
ISBN 3-931 792-30-7

Diskus
ISBN 3-931 792-24-2

Blumentiere im Meerwasseraquarium
ISBN 3-931 792-72-2

Aquarienpflanzen
ISBN 3-931 792-66-8

Das funktionierende Meerwasseraquarium
ISBN 3-931 792-46-3

Kaiser- und Falterfische
ISBN 3-931 792-47-1

Tropheus-Cichliden
ISBN 3-931 792-65-X

Harnischwelse
ISBN 3-931 792-67-6

Amanos Naturaquarien
ISBN 3-931 792-68-4

Paludarium
ISBN 3-931 792-70-6

Koikarpfen
ISBN 3-931 792-71-4

Killifische
ISBN 3-931 792-69-2

Salmler
ISBN 3-931 792-74-9

Welse
ISBN 3-931 792-75-7

Guramis und Fadenfische
ISBN 3-931 792-48-X

Schleierkampffische
ISBN 3-931 792-76-5

Kampffische – Wildformen
ISBN 3-933 646-09-X

Aquaristik für Einsteiger
ISBN 3-931 792-77-3

Diskuszucht
ISBN 3-931 792-78-1

Bärblinge
ISBN 3-931 792-82-X

Westafrikanische Zwergcichliden
ISBN 3-931 792-06-4

Diskuswildfänge
ISBN 3-933 646-06-5

Gesunde Aquarienfische
ISBN 3-931 792-73-0

Regenbogenfische
ISBN 3-931 792-45-5

Fordern Sie unverbindlich unseren Gesamtprospekt an!